도쿄대
리더육성
수업

문제해결의
사고력

도쿄대 리더육성 수업

글로벌 CEO 배출 세계 1위
도쿄대의 지독한 생각 수업

The Executive Management Program of
The University of Tokyo

문제해결의 사고력 편

도쿄대학 EMP
요코야마 요시노리 엮음
정문주 옮김

라이팅하우스

'분석하는 사고'에서 '구성하는 사고'로

도쿄대학은 최첨단의 지식을 선도하는 사고력 집단이다. 이 책은 그 최전선에서 활약하는 연구자들에게 현재의 지적 성취와 그들의 사고법에 관해 묻고 정리한 결과물이다. 『도쿄대 리더육성 수업 : 과제설정의 사고력』의 속편이기도 하다. 전작과 마찬가지로 인터뷰에 응해 주신 분들은 도쿄대학 리더육성 프로그램 Executive Management Program(이하, 도쿄대학 EMP)의 강사진이다. 이 프로그램의 기획과 진행 책임을 맡고 있는 필자의 질문에 강사진은 이번에도 강좌의 고갱이만을 엄선하여 들려주며 굳어 버린 두뇌에 긍정적 자극을 던져 주었다. 전작의 키워드는 '과제설정의 사고력'이었고, 이 책의 핵심 질문은 '문제해결의 사고력'이다. 새삼 밝히건대 도쿄대학 EMP의 수강생들은 장래 조직의 간부가 될 40대의 우수 인력들이다. 우리는 그들에게 지금까지 그 어떤 교육기관도 제공하지 않았던 고차원적이고 전인적인 종합 능력을 형성할 '장'을 제공하고자 했다. 2008년에 개강해 햇수로 6년을 넘긴 이곳은 비즈니스 스쿨도 아니며 최고위 과정도 아니다. 우리는 차세대 리더에게 요구되는 바는 무엇인지를 고민했다.

'전 세계 어느 곳, 어떤 상황에서도 두려움 없이 확고한 지식에 바탕을 두고 그 자리를 리드할 것. 상대의 다양한 문화적 배경을 충분히 이해하고 상대를 납득시킬 수 있는 논의를 끈질기게 전개할 것. 구체적인 문제해결책을 세우고 추진할 것. 그러기 위한 강인함과 실행력을 가질 것. 그리고 문화의 차이를 넘어 사람을 끌어들이는 인간적 매력까지 갖출 것.'

도쿄대 EMP는 이 같은 능력을 갖춘 인재를 육성하겠다는 목표를 내걸고 있다. 그러기 위해서는 전작에서도 기술한 바 전통적인 '교양'의 정의를 넘어선 강인한 '지력(知力)'과 '사고력'의 최전선을 알아야 한다. 인류가 이미 알고 있는 내용이 아니라 아직 모르는 것은 무엇이며, 사람들은 그 내용에 어떻게 접근하려 하는가? 그것이야말로 지금 시대가 요구하는 첨단의 지식이자 사고 능력이다. 그러한 생각에 바탕을 두고 우리 프로그램은 추진되고 있으며 이 책에서는 도쿄대 최강의 교수진과 차세대 리더로 성장하기 위해 선발된 수강생들이 학문의 최전선에서 머리를 맞대고 열정을 나누었던 수업의 핵심을 전하고자 시도했다.

　이번에도 세계적 연구 성과를 내고 있는 여섯 명의 연구자들을 인터뷰했다. 분야는 소립자물리학, 식물병리학, 이슬람 정치사상, 정보통신공학, 서양경제사, 유기합성화학이며 각각의 개성이 이채롭다. 인터뷰를 담당한 필자는 만질 수 있고 눈으로 볼 수 있는 것을 디자인하는 건축가로 출발해 매킨지 앤드 컴퍼니에서 경영 컨설팅에 오랫동안 종사해 왔다. 최근에는 만질 수 없고 눈에 보이지 않는 '사회 시스템' 디자인에 종사하는 자칭 '사회 시스템 디자이너'로 활동 중이다. 주택공급 시스템이나 의료 시스템 디자인 등의 구체적 작업을 통해 '사회 시스템 디자인' 방법론의 개발에 주력하고 있다. 또 국회 사고조사위원회(동일본 대지진 후쿠시마 원전사고 관련)의 경험을 살려 기술 시스템을 넘어선 '사회 시스템'으로서의 '원전 시스템'을 디자인 중이다. 비즈니스와 디자인의 세계에서 경험을 쌓은 필자는 여섯 명의 강사진에게 첨단의 지식과 사고력에 관해 질문을 던졌다. 당연히 필자는 연구자들의 관심과는 다른 관점을 가지고 있다. 그들이 탁월한 성과를 올릴 수 있었던 이유는 무엇인지, 어떤 사고방식과 방법론을 가지고 있는지, 그 배경은 어떠한지에 관한 조금은 독특한 인터뷰가 여기 있다.

*

　필자의 침대 머리맡에는 항상 책들이 어지럽게 쌓여 있다. 전부 읽다 만 책이다. 그중에는 전자책 단말기 킨들(Kindle)의 초기 버

전도 있다. 버튼만 누르면 온라인 스토어에 접속해, 보고 싶은 책을 그 자리에서 다운로드할 수 있다는 편리함에 감탄하여 꽤 오래 전 인터넷으로 미국 아마존에 주문해서 쓰고 있는 물건이다. 처음에는 일본어 책이 제공되지 않았기에 아름다운 여성 이론물리학자 리사 랜들(Lisa Randall)의 『숨겨진 우주(Warped passages)』라든지 괴짜 발명가 레이 커즈와일(Ray Kurzweil)의 『특이점이 온다(The Singularity is Near)』, 또는 반전에 반전을 거듭하며 도저히 책장을 덮을 수 없게 만드는 제프리 디버(Jeffery Deaver)의 추리소설을 주로 읽었다. 물론 전부 침대에서 말이다. 심지어 킨들을 꼭 껴안은 채 아침을 맞았던 적도 한두 번이 아니다. 새삼 느끼건대 우리는 이처럼 입이 떡 벌어질 정도로 편리한 세상을 살고 있다. 수십 년 전, 아니 불과 십 년 전만 하더라도 상상하지 못했던 새로운 정보수단을 우리 개개인은 확보하고 있다.

이게 다 최근 들어 급속히 발달한 IDT(Internet and Digital Technology, 인터넷·디지털 기술) 덕분이다. 사실 세상 사람들이 말하는 ICT(Information and Communication Technology, 정보통신기술)는 시대의 본질을 나타내지 못하는 표현이다. 제조업이나 금융업에서는 이미 오랫동안 ICT를 활용해 왔기에 전혀 새로울 것이 없다. 한편 IDT는 완전히 새로운 발상과 기술을 바탕으로 한 개념이며 2000년 이후에 이용이 폭발적으로 늘어났다. 불과 수년 사이다. 애플(Apple)이 퍼스널 컴퓨터 iMac을 선보인 것이 1998년인데 iMac의 'i'가 바로 인터넷을 의미한다는 것만 봐도 이는 분명한 사실이다. 현재 우리가 일상생활에서 쓰는 스마트폰, 태블릿PC, 그리고 그 기기에서 구동되는 온갖 애플리케이션-예를 들면 스카이프(Skype), 유튜브(YouTube), 페이스북(Facebook) 등-은 최근까지도 전혀 '당연한' 수단이 아니었던 것이다. 이제 스마트폰이나 태블릿PC는 뮤직 플레이어, 디지털카메라, 게임기기, 카 내비게이션 시장을 집어삼켰고 PC를 대체했으며 책, 잡지, 신문 등의 종이 매체도 잠식하기 시작했다. 그 속도가 얼마나 빠른지 대략 3년을 주기로 상황이 몰라보게 달라지는 실정이다. 게다가 요즘 킨들은 클라우드 기능이 있어 더욱 편리해졌다. 하지만 우리는 그 같은 전개를 전혀 놀라워하지 않고 받아들이고 있다. 마치 예전부터 그랬던 것처럼 직장에서, 카페에서, 출퇴근길 대중교통에서 그리고 걸어 다니면서까지 스마트폰과 태블릿PC를 이용한다. 그렇다면 우리 자신은 어떠한가? 우리는 그 결과 새로운 능력을 얻었을까? 옛날 사람들보다 짧은 시간 내에 많은 정보를 처리하는 능력이 생긴 것은 확실하다. 우리 생활의 일부는 분명 편리하고 윤택해졌다. 하지만 그 대신 잃은 것도 있다. 이리저리 서성이며 시간을 들여 깊이 생각하는 습관이 사라졌다. 같은 내용에 관해 반복적으로 사고하는 과정을 귀찮고, 번거롭다고 여기지는 않는가? '생각도 스마트폰의 화면처럼 경쾌하게 변화해야 한다'라거나 '쏟아지는 정보를 쉬지 않고 처리하는 것이 스마트한 최첨단 생활'이라고 여기는 세태에 너무 일찍 익숙해진 탓에 부딪히고, 방황하고, 다시 도전하고, 깊은 생각에 빠져드는 인내력을 잃고 있지는 않은지 돌아볼 일이다.

　이 책의 주제를 관통하는 '문제해결의 디자인'이라는 표현은 귀찮다고 느껴지는 일을 해내는 작업, 번거롭다고 생각되는 과정을 견디는 끈기와 맞닿아 있다. 게다가 아이러니하게도 앞서 언급한 세상의 흐름에 역행하는 것처럼 보이는 문제해결 디자인 작업 능력이야말로 대단히 중요한 능력이다. 왜냐하면 '문제 현상과 반대 방향의 대책'을 수립함으로써 해답을 찾으려 하는 안이한 사고방식으로는 어렵고 불가능해 보이는 난제에 대해 더 이상 현명한 문제해결책을 도출할 수 없는 시대이기 때문이다. 안타깝게도 국가 차원의 정책에 그런 발상이 많다. 예를 들어 OECD 국가 중에 육아 관련 예산이 제일 적으니까 아동수당을 만든다든가, 경제가 침체 국면에 들어섰으니 '신 성장 전략'을 구사한다든가, 그래도 잘 안 되니까 '일본 재생 전략'을 내세우는 식의 발상이다. 본질을 꿰뚫어 보는 과제 설정이 아니라 그저 표면적인 현상에 착안해 문제에 맞대응하는 방식으로는 해답을 찾지 못한다는 사실을 깨달아야 한다. 가령 '저출산·고령화'는 분명 현실의 문제나 적절한 과제설정은 아니다. '저출산'은 사회적 현상이지만 '고령화'는 생물학적 현상이다. 전자는 프랑스와 스웨덴의 사례에서 볼 수 있듯이 적절한 시책으로 반전을 꾀할 수 있지만, 후자는 그럴 수 없다. 인간이 젊어질 수는 없는 노릇이니 말이다. 그러니 '저출산·고령화'라고 한데 묶어 생각해서는 현명한 답을 얻기 어렵다는 것이다. 그렇다면 이러한 얕은 사고와 발상에서 벗어나기 위해서는 어떻게 접근해야 할까?

인간 활동의 세 가지 전개

인간의 활동은 세 종류로 전개된다. '누진(累進)', '반전(反轉)', '평형(平衡)'이 그것이다. 일본 속담에 '바람이 불면 나무통 장수가 돈을 번다'는 말이 있다. 바람이 불면 그 때문에 일어난 모래 먼지로 인해 장님이 늘어나고, 그러면 장님이 연주하는 샤미센(三味線, 일본 전통 현악기)의 재료인 고양이 가죽의 수요가 늘어 고양이가 줄어들며, 그 탓에 쥐가 늘어나 나무통을 갉아먹으니 결국은 나무통이 잘 팔려 나무통 장수가 돈을 번다는 뜻이다. 이처럼 어떤 한 현상이 다음 단계, 그 다음 단계로 넘어가는 전개가 '누진'이다. 이 속담이 견강부회(牽强附會)적이라는 점은 문제지만, 이미 알고 있는 자료를 통해 미지의 것을 추측하는 안이한 발상으로는 알 수 없는 일을 짚어 준다는 의미에서는 주목할 필요가 있다.

그 다음으로 언급한 '반전'이란 인간의 활동이 일정한 한 방향으로만 전개되는 것이 아니라 어느 지점에 이르러서는 방향성이 크게 전환된다는 의미다. 주식과 마찬가지로 끝없이 오르지도 않거니와 떨어지지도 않는다는 것이다. 인구 감소가 문제라고 하지만 그렇다고 일본 인구가 '제로'가 될 리는 없지 않은가? 반전은 일어나기 마련이다. 다만 적절한 상황을 만들어 줄 대책은 당연히 필요하다. 참고로 에도시대(1603~1868)에는 50년을 주기로 두 번의 인구 감소와 증가가 있었다. 그 결과 270년 동안에 연평균 약 0.5%의 비율로 인구는 늘어났다. 실제로 1853년 미국의 페리 제독(Matthew Calbraith Perry, 1794~1858)이 함대를 이끌고 와 일본에 개국을 요구하던 시기만 해도 일본의 인구가 미국보다 많았다. 역사를 돌이켜 보면 현재의 현상에 매몰된 발상은 결국 오류로 이어진다.

마지막으로 '평형'이란, 세계화(Globalism)의 흐름이 있으면 지역주의(Regionalism)의 흐름도 있고, 하이테크(High-Tech)가 있으면 하이터치(High-touch)도 있어서 두 가지 현상이 쌍을 이루어 상호 보완하면서 균형을 유지한다는 의미다. 인간 사회는 균형 감각이 매우 뛰어나서 어느 한쪽만 일방적으로 존재하지는 않는다. 스마트폰 화면처럼 여기저기 옮겨 다니는 가벼운 사고가 있는 반면에 인내를 필요로 하는 사고방식도 존재하는 것이다. 그것이 바로 '평형' 효과다. 앞서 예를 든 양극의 발상이 모두 중요하다. 단 그 둘은 뇌의 사용방식이라는 측면에서는 전혀 다르다.

'위장은 쓰면 쓸수록 지치지만 머리는 쓰면 쓸수록 좋아진다'라는 말이 있다. 어지간한 청개구리가 아니라면 사람은 누구나 남보다 머리가 좋아지기를 원한다. 사람은 모든 것을 타고나지 않는다. 하지만 사고의 규율을 획득하고 노력한다면 머리가 좋아지는 것도 불가능하지 않다. 그런데 단순히 머리를 쓰기만 하면 되느냐? 그렇지 않다. 두뇌 사용법에는 궁리가 필요하다. 그 방법으로 세 가지를 들어본다.

두뇌 활동의 세 가지 궁리

우선 두뇌의 컨디션이 좋은 시간대를 최대한으로 활용해야 한다. 하루 중에도 머리 회전이 잘될 때와 그렇지 않은 때가 있다.

대부분은 이른 아침에 머리가 가장 잘 돌아간다고 한다. 실제로 경험해 보면 단순히 머리가 잘 돌아갈 뿐 아니라 지금까지 각기 별개로 보이던 현상을 정리하고 통합(integrate)하는 사고가 가능하다. 명확한 단계를 밟기보다 순간적으로 각 부분이 전체 틀 속으로 수렴되는 느낌이 든다는 의미다.

두 번째로 남보다 10배 더 생각해야 한다. 남이 한 번 생각할 때 나는 열 번, 남들이 열 번 생각할 때 나는 백 번 생각하면 된다. 통상 백 번씩이나 생각하는 사람이 드물다 보니 천 번까지 생각할 필요는 없을 수도 있다. 그런데 여러 번 반복해 생각하면 뇌 속에서 뉴런이 동시에 작동할 확률이 높아지면서 스스로도 의외라고 여길 만큼 사고가 순조롭게 전개된다. 이렇다 할 목표 없이도 계속 생각할 수 있는 인내력을 획득하려면 그런 순간을 경험해야 한다.

세 번째로 가능한 한 오감을 동원해 생각해야 한다. 오감 중에서는 특히 눈과 손이 중요하다. 손을 써서 생각한 것을 눈을 통해 비판적으로 바라본 후, 개선점을 발견해 다시 한 번 손을 써서 생각하는 작업을 스스로 만족스럽게 여길 때까지 계속해야 한다.

이 세 가지 방법의 공통점은 '분석하는 사고'가 아니라 '구성하는 사고'라는 점이다. 그것이 바로 '문제해결을 디자인하는 사고'다. 다시 말해 디자인 작업은 가설의 설정과 검증을 반복하는 일이다. 단 가설은 분석으로부터 귀납적 또는 연역적으로 나타나는 것이 아니다. 번뜩임이 필요하다. 번뜩임에도 훌륭한 것과 그렇지 않은 것이 있다. 처음부터 훌륭한 무언가가 나오지는 않는다. 몇 번이고 반복해서 생각하는 사이에 갑자기 나타나는 법이다. 그 과정을 통해야 가설은 눈에 띄게 좋아진다. 따라서 우리는 우선 가설을 만들고, 그 타당성과 유효성을 시험해 봐야 한다. 제대로 안 되거나 마음에 들지 않으면 버리면 된다. 그런 후 마음을 다잡고 다시 새로운 가설을 만들어 시도해야 한다. 그런 과정을 몇 번이고 반복하는 작업을 인내심 있게 계속해야 최초의 가설이 유치해 보일 정도로 단련된, 아무나 쉽게 생각해 내지 못하는 가설에 도달할 수 있다. 문제해결 디자인이란 귀납적이지도 연역적이지도 않으며, 하물며 학문도 아니다. 대학원에서 박사학위를 딸 수 있는 분야도 아니지만 긴 훈련이 필요한, 고도의 전문적 기능이다. 그 가설검증형 추론은 '경험지(experiential knowledge)'적 훈련을 통해 반복 연습해야 한다. 통합은 방법론이 없는 작업이지만 통합을 이룰 수 있는 유일한 접근법은 반복 작업이다.

　　여기서 한 가지 의문이 솟는다. 가설 수립과 검증의 반복은 '이과계열'의 발상이 아닌가 하는 점이다. 그런데 그렇지 않다. '문과계열' 분야의 사고방식에서도 이 같은 사고 패턴을 볼 수 있다. 문헌학(philology)을 비롯해 단순히 관점(point of view)을 논하는 학문이 없는 것은 아니지만 말이다. 전작에서 중국철학을 전공한 나카지마 다카히로(中島隆博) 선생이 했던 말에 따르면, 철학 훈련이란 가설을 수립하고 검증하는 기법을 익히는 일이다. 문과계열, 특히 난해하게 여겨지는 철학 같은 분야가 그렇다면 대부분의 학문에서는 귀납적 또는 연역적 추론뿐 아니라 가설검증적 작업을 활용한다고 말할 수 있을 것이다.

　이번에는 '이과계열'이라는 표현에 대해 이야기해 보자. 대학에서 이과계열이라 하면 '이학부(理學部=자연학부)' 또는 '공학부'를 가리킨다. '이학부'에는 물리학이나 천문학, 수학, 화학, 생물학 등의 '과학' 또는 '자연과학' 학과가 모여 있다. 과거 일본에서 번역 작업이 활발히 이루어지던 메이지 시대(明治, 1868~1912)에는 'philosophy'의 일본어 번역어 후보로 '애지학(愛智學)', '이학(理學)', '철학(哲學)' 등이 있었다 한다. 니시 아마네(西周)[1]가 '철학'이라는 표현을 사용했는데, '이학'도 선택될 수 있었던 상황이었다. 곰곰이 생각해 보면 이과계열의 '이학'과 문과계열의 '철학'이 예전에는 그리 거리가 먼 분야가 아니었다는 말도 될 수 있다. 실제로 고대 그리스에서는 과학과 철학이 일체였다. 그것이 르네상스를 거치며 점점 신학, 철학, 과학이 분리되었고 근대 이후에는 과학이 크게 발달했다. 최근 들어서는 소립자물리학이나 우주물리학 같은 과학이 실증과학보다 오히려 철학에 가까워지기 시작했다는 느낌도 든다. 초끈이론(superstring theory)[2], 우주의 인간원리(anthropic principle)[3], 그리고

1] 에도 시대 말기(막부 말기)부터 메이지 시대 초기(1829~1897)까지 살았던 일본의 계몽가, 교육자. 'Philosophy'를 '철학'이라 번역하는 등 예술, 이성, 과학, 기술, 철학 분야의 수많은 낱말에 대한 번역어를 만들었다. 일본 문자인 가나와 한자를 폐지하자는 주장을 펼치기도 했다.

2) 우주를 구성하는 최소 단위를 연속해서 진동하는 끈으로 보고 우주와 자연의 원리를 밝히려는 이론.

3) 생명체의 존재는 그를 둘러싼 환경의 특성을 이미 말해 준다는 것. 즉 우주의 모든 상수들이 인간과 같은 생명체가 탄생되기에 가장 이상적인 값으로 맞춰져 있다는 이론.

단일 우주(universe)가 아닌 다중 우주론(multi-verse theory)[4] 등이 그 예이다. 드디어 인류는 새로운 세계관을 가지게 되었는지도 모른다. 그런 의미에서도 우리가 가설을 세우고 검증하는 능력, 다시 말해 '문제해결을 디자인하는 사고력'은 한층 중요성이 높아지고 있다.

*

이번에 인터뷰에 응해 주신 분들은 가설의 수립과 검증, 또는 문제해결의 디자인이라 불러야 할 작업을 끈질기게 추구하고 있는 분들이다. 독자들은 대담 중에 슬쩍슬쩍 드러나는 대가들의 신선한 사고의 전개를 즐겨 보시기 바란다. 또 그들이 이야기하는 내용을 통해 독자 스스로 구성하는 사고를 위한 힌트를 얻었으면 좋겠다. 연구직뿐 아니라 산업 일선의 리더, 공직자 등 폭넓은 층이 본서에서 자신이 마주한 문제해결의 시사점을 얻기를 기대한다. 이 책의 간행에 즈음해 전작과 마찬가지로 원고 작성에는 다나카 준코(田中順子) 씨의 도움을 받았다. 또 도쿄대학 출판회의 오구라 아키라(小倉明) 씨가 마음 내키는 대로 흘러가던 대담의 방향을 잘 잡아 주었다. 두 분의 인내에 감사한다.

---

4) 우리 우주 외에 또 다른 우주가 무수히 존재한다는 가설. 평행우주론은 다중우주론의 일종으로 우리 우주와 같은 또 다른 우주가 존재할 것이라는 이론이다.

마지막으로 이 책의 출판을 위해 장시간의 인터뷰에 응해 주신 여섯 명의 석학들에게 진심으로 감사의 인사를 전한다.

도쿄대학 리더육성 프로그램 기획·추진 책임자

요코야마 요시노리

차례

패러다임 변화에
대응하는 자세

도쿄대학 카블리 수물 협동 우주연구기구 기구장·특임교수
미국 캘리포니아 대학 버클리 캠퍼스 물리교실 교수

무라야마 히토시

村 山 斉

소립자물리학

Hitoshi Murayama

무라야마 히토시

도쿄대학 카블리 수물(數物) 협동 우주연구기구(Kavli IPMU) 기구장·특임교수, 미국 캘리포니아 대학교 버클리 캠퍼스(University of California, Berkeley) 물리교실 교수, 리니어 코라이더 콜라보레이션(Linear Collider Collaboration, 약칭 LCC) 副디렉터, 미국 예술과학아카데미(American Academy of Arts and Sciences) 회원, 일본학술회의 제휴 회원 / 1964년 출생. 도쿄대학 이학부 졸업, 동 대학 대학원 이학계 연구과 박사과정 수료. 도호쿠(東北) 대학 조수 등을 거쳐 캘리포니아 대학교 버클리 캠퍼스 교수. 문부과학성이 세계 최고 수준의 연구 거점으로 출범시킨 도쿄대학 카블리 수물 협동 우주연구기구의 초대 기구장 / 전공은 소립자물리학. 주요 연구 테마는 초대칭성 이론, 뉴트리노, 초기 우주, 가속기 실험의 현상론 등 / 저서로 『우주는 무엇으로 이루어져 있는가?』, 『우주는 정말 하나일까? – 최신 우주론 입문』, 『우리가 우주에 존재하는 이유』, 『무라야마 교수님, 우주는 어디까지 밝혀졌나요? – 빅뱅에서 힉스 입자까지』 등이 있다. / 2002년 니시미야 유카와(西宮湯川) 상, 2011년 신서(新書)대상 수상.

세계적 업적을 자랑하는 물리학자이자 최첨단의 연구 성과를
사회에 환원하고자 시민강좌 등에도 적극적으로 참여하고 있는
국제 공동 우주연구팀의 젊은 리더.
2010년 첫 저서 『우주는 무엇으로 이루어져 있는가?』가 베스트셀러에
오르며 종횡무진 활약하고 있는 그의 사고 과정을 엿보다.

요코야마 무라야마 선생님의 전공인 '소립자론'은 아마추어들에게 낯선 분
야입니다. 어떤 연구 분야인지 설명해 주시겠습니까?

무라야마 소립자(素粒子)의 '소'는 '바탕', '입자'는 '알갱이'라는 뜻이니까,
소립자물리학은 말 그대로 우리 주변의 물질을 세밀하게 관찰해서
그 바탕이 무엇으로 이루어져 있는지, 어떤 메커니즘으로 움직이는
지를 알아내는 분야입니다. 즉 물질의 가장 기본적인 구성 요소와
그 운동 법칙을 조사하는 것이지요. 20세기 들어 크게 발전했습니
다. 지금은 물질의 기본적인 구조에 관해서는 대부분 밝혀졌어요.

물질은 원자로 이루어져 있는데, 그 원자의 중앙에는 원자핵이 있고 그 주위를 전자가 돌고 있습니다. 원자핵은 양자와 중성자로 구성되고, 이들은 또 그보다 작은 '쿼크'라는 물질로 이루어집니다. 원자의 크기가 1억 분의 1cm이고, 쿼크는 그보다 10억 분의 1 이상 작다고 하면 얼마나 작은지 상상할 수 있겠습니까? 우리 주변의 물질에 관해서는 그만큼 초미세 규모의 세계까지 밝혀졌습니다.

한편 광대한 우주로 눈을 돌려보면 아직 해명되지 않은 사항이 많습니다. 그런데 다양한 의미에서 우주와 소립자 연구는 관련이 있습니다. 예를 들어 우주의 시간을 거슬러 올라가 보면 별과 은하 없이 암흑물질과 원자만 존재하던 시기가 있었습니다. 그보다 더 과거로 올라가면 원자핵과 전자가 각각 움직이던 시기가 있었고요. 더 이전으로 가면 우주는 작은 소립자의 세계였지요. 그런 의미에서 저는 소립자물리학이라는 관점에서 우주를 연구하고 있습니다.

지금은 도쿄대학 카블리[5] 수물 협동 우주연구기구(Kavli IPMU)의 기구장을 맡고 계신데, 어떤 조직입니까?

5] Fred Kavli(1928~현재). 노르웨이 출신 물리학 전공자, 미국의 사업가. 2000년에 개인재산 6억 달러를 출연해 카블리 재단을 설립하고 이후 8년 동안 미국, 유럽, 중국의 12개 대학에 나노과학, 천체물리학, 신경과학 연구소를 설립했다. Kavli IPMU는 2007년에 문부과학성이 출범시킨 국제고등연구소였으나 2012년 카블리 재단으로부터 750만 달러의 기부를 받고 지금의 명칭을 쓰고 있다.

도쿄대 리더육성 수업 · 문제해결의 사고력

Kavli IPMU는 우주에 대한 근원적 의문에 답하기 위해 설립된 국제적 연구기관입니다. 우리는 수학자들과 물리학자들의 협력을 통해 연구를 진행합니다. 우주에는 수수께끼가 많습니다. Kavli IPMU는 '우주는 어떻게 시작되었는가?', '우주는 무엇으로 이루어져 있는가?', '우주는 앞으로 어떻게 될까?', '우주의 기본법칙은 무엇인가?', '우리는 어째서 우주에 존재하는가?'라는 다섯 가지 의문을 최첨단 과학을 결집해 해명하려 합니다. 이런 물음은 대단히 기본적이고 중요하면서, 참으로 어려운 문제이기도 합니다. 아인슈타인도 '통일장(統一場) 이론[6]'을 꿈꾸었지만 실현하지 못했지요. Kavli IPMU에서는 수학, 물리학, 천문학 세 분야를 융합해서 우주의 통일장 이론에 접근하려 합니다. 그중에서 제가 가장 흥미롭게 여기는 것은 암흑물질과 암흑에너지[7]입니다.

사실 우주 연구, 소립자 연구라는 것은 일상생활이나 비즈니스에는 아무런 도움이 안 됩니다. 그래도 과학자들은 이론적으로 사고하고 연구하지요. 저는 이 인터뷰를 통해서 '과학자들도 세상의

6] 물질의 입자 사이에 작용하는 모든 힘과 상호관계를 하나의 단일 개념으로 설명하고자 하는 이론. 17세기 뉴턴이 태양계의 운동과 지상 물체의 운동을 만유인력을 통해 통일된 관점에서 설명한 이후 수많은 과학자들이 도전 중이다. 지금까지 알려진 힘의 종류는 중력, 전자기력, 강한 핵력, 약한 핵력 네 가지다. 현재로서는 전자기력, 강한 핵력, 약한 핵력을 하나의 개념으로 기술할 수 있다고는 하나 그 설명 방법에도 몇 가지 문제점은 남아 있다. 자연과 우주의 근원을 설명하기 위한 가장 어려운 시도 중 하나라 할 수 있다.

7] 암흑물질은 우주에 존재하는 정체불명의 물질, 암흑에너지는 우주의 팽창을 가속시키는 원인이 되는 정체불명의 에너지를 말한다. 말 그대로 현대과학이 아직 밝혀내지 못한 정체불명의 연구 대상이다.

문화나 선입관에 얽매이는 보통 사람이다. 하지만 어떻게든 그것을 깨고 극복하면서 일한다'는 점이 조금이라도 드러났으면 합니다.

'우주 창생의 비밀'을 밝히고 '우주를 지배하는 근원적 물리법칙'을 발견하는 사고는 대체 어떤 것인지 궁금합니다. 저뿐 아니라 아마추어들에게는 짐작하기도 어려운 일입니다. 예를 들면 일상생활 속에서 어떤 식으로 사고하시는지, 하루 중 가장 머리를 많이 쓰는 시간대는 언제인지 말씀해 주시겠습니까?

생각은 주로 밤에 합니다. 저는 완벽한 밤형 인간이라서 말이지요. 밤 9시부터 11시 정도가 제일 머리가 활성화되는 것 같습니다. 하루 업무를 얼추 끝내고 집에 돌아와서 개인적인 시간을 보낼 수 있을 때 음식을 하거나, 목욕을 하면서 그날 하루를 돌아봅니다. 그러면서 이건 어떻게 할까, 다음에는 저렇게 한번 해볼까 하고 곰곰이 생각을 시작하는 거지요.

머리를 쓰는 데에는 여러 방법이 있는 것 같습니다. 분석적인 사고는 어느 정도 체계적인 방식으로 해결할 수 있습니다. 하지만 생각에 자꾸 깊이를 더해야 하는 단계가 되면 자기 머릿속에서 브레인스토밍을 해야 하지 않습니까? 그럴 때 뭔가 순간적 깨달음을 얻기 쉽게 하는 방법이라거나 또는 선생님만의 독자적 사고 패턴이 있으면 소개해 주시지요.

그런 건 생각해 본 적이 없어서 잘 모르겠지만, 어릴 때부터 '이게 뭐지?'라는 궁금증이 생기면 '아, 그렇구나!'라고 이해가 될 때까지 이리저리 생각하기를 좋아했어요. 지금도 생생하게 기억하는데, 여름에 콜라를 마시려 할 때였습니다. 병에 빨대를 꽂았더니 빨대가 훅 떠오르는 겁니다. 대부분 귀찮게 여기겠지요. 그런데 저는 '어? 이거 뭐지?'라는 생각을 했습니다. 빨대가 왜 떠올랐을까? 빨대와 콜라의 관계에 관해 한동안 생각했지요. 그렇게 해서 빨대 주위에 탄산가스 기포가 가득 생겨서 빨대와 기포의 무게 합이 액체보다 가벼워졌기 때문에 떠올랐다는 답을 얻었습니다. 스스로 납득할 수 있을 때까지 콜라와 빨대를 끊임없이 주시하는 아이였어요. 그때가 초등학교 3학년 정도였을 겁니다. 아르키메데스(Archimedes, B.C. 287?~B.C. 212)가 욕조에 들어가 물이 넘치는 것을 보고 왕관의 무게 측정 방법을 떠올렸다는 이야기를 읽었던 무렵이라 그랬을 거예요. 그리고 따끈따끈한 밥 위에 가쓰오부시(말린 가다랑어를 대패로 아주 얇게 깎아 낸 식재료)를 올리면 가쓰오부시가 춤을 추듯이 마구 움직이지 않습니까? 그것도 재미있어서 '이건 또 뭘까?' 하는 의문을 가진 적도 있습니다. 결론은 이랬습니다. 밥의 열기 때문에 따뜻해진 공기가 가벼워져서 상승기류가 생기고, 가쓰오부시가 그 상승기류로 인해 떠오른다. 그런데 밥에서 나는 김이 가쓰오부시에 닿으면 마른 가쓰오부시가 수분을 흡수하게 되어 무거워지기 때문에 다시 밥 위로 내려앉는다. 그 반복 작용이 가쓰오부시가 춤추는 것 같은 움직임을 만들어 낸다는 것이었습니다. 거기까지 생각을 해야 직성이 풀렸어요. 뭔가 이상하다 싶으면 바로 알아보고, 생각하고 싶었던 거지요. 호기심이 왕성했어요. 조금씩 이해가 되면 가슴이 두근거렸고, 마지막에 가서 의문이 풀리는 순간에는 대단히 기분이 좋았어요. 몰랐던 것을 안 순간 가슴이 후련해지는 느낌이 있거든요. 그 느낌을 잊지 못하고 지금도 저 스스로를 납득시키고 싶어서 연구를 계속하는 겁니다.

관찰력이 대단했군요. 그런데 초등학교 때는 보통 '일단 외우라'는 주입식 교육을 받지 않습니까? '왜 그럴까?', '이건 뭘까?' 하는 아이들의 호기심이 중요하다고 하면서도 실제 수업은 그런 부분을 별로 크게 여기지 않는 것 같습니다.

스스로 생각하게 하는 측면이 확실히 적다고 봅니다. 시간이 한정되어 있으니까 어느 정도는 암기해야 하는 게 사실이고, 구구단을 모르고 초등학교를 졸업해서도 안 되겠지요. 그렇지만 2~3분만이라도 '어떻게 생각하니?', '생각해 봐'라고 아이들에게 질문을 던지는 시간을 준다면 그것만으로도 상당히 큰 차이가 생기지 않을까요? 저는 전체를 달달 외우는 수업을 싫어했습니다. 백지도에 평야, 하천, 산지의 이름을 써넣고 외우는 수업에는 흥미가 생기지 않아서 도통 점수가 안 나왔습니다. 그래도 한자를 외우는 건 좋아했어요. 한자가 어떻게 구성되는지를 배웠으니까요. 상형문자, 형성문자 등의 구분이라든지 부수(部首)가 뜻을 나타내고 방(旁)은 소리를 나타낸다는 구성 방식을 알면 이치를 알고 접근할 수 있지요. 역사도 연호나 인물명 암기는 젬병이었는데 역사 드라마에는 흥미를 느꼈습니다. 과학자의 전기도 자주 읽었습니다. 대발견의 이면에는 하나하나의 맥락이 있지요. 유소년기의 환경과 경험이 훗날의 대발견으로 이어지는, 지극히 개인적이고도 다이내믹한 드라마에 가슴이 뛰었어요. 우리는 아이들의 가슴을 뛰게 만들어야 합니다.

요즘 학교에서는 아이들의 가슴을 뛰게 하고, 스스로 생각하게 하는 훈련이 부족한 것 같습니다. 생각한다는 것은 뭔가를 부수고 새로 구성하는 작업입니다. 그러기 위해서는 대담해질 필요가 있습니다. 생각이라는 작업이 성공으로 이어지는 경험을 여러 번 쌓게 해서 대담성을 길러 줘야 하지 않겠습니까?

과학을 하는 사람은 데이터와 추론을 쌓는 과정에서 기존의 사고방식으로는 더 이상 앞으로 나갈 수 없는 순간을 반드시 맞닥뜨리게 됩니다. 그때 잘 판단해서 정말 문제가 있을 때는 미련 없이 기존의 패러다임을 버리고 새로운 패러다임을 받아들여야 합니다. 과학의 역사를 보면 그런 일이 여러 번 있었습니다. 천동설에서 지동설로 패러다임이 전환된 것이 최초의 대전환입니다. 그 이후 '빛은 파장이다'라는 믿음이 깨졌습니다. '빛은 입자이기도 하다'는 사실이 밝혀졌기 때문입니다. 그와 반대로 '전자'라는 소립자는 입자라고만 여겨지다가 파장이기도 하다는 사실이 입증되었습니다. 기존에 당연시되던 사항들을 전제로 사물을 이해하던 사고의 토대는 수없이 무너져 내렸습니다. 아인슈타인의 상대성 이론은 '시간'에 대한 개념조차 바꾸었습니다. 시간은 모두에게 똑같이 흘러가는 것이 아니라 빠르게 달리는 누군가에게는 느리게 흐르는 것이었습니다. 이처럼 과학은 이전의 사고방식을 버려야만 하는 순간을 끊임없이 맞이하는 과정을 통해 현재의 성과를 이루었습니다. **지금 상식이라 여겨지는 내용들도 머지않아 사실이 아닌 것으로 판명될 수 있습니다.** 과학자들은 그런 변화 속에서 탐구를 업으로 삼고 있는 것입니다.

21세기 들어 물리학의 세계에서는 사물을 보는 방식에 엄청난 변화가 일었습니다. 물리학의 바깥 영역에서는 실감하지 못하는 부분도 있지만, 책을 읽어 보면 상당히 충격적인 일들이 일어나고 있습니다. 지난 20년 동안 어느 정도의 변화가 있었습니까?

제가 학위를 따고 연구자의 길로 들어선 때가 지금으로부터 20년 전입니다. 당시 소립자론에서는 표준 모델, 우주론에서는 빅뱅 모델이 정립되었습니다. 그 두 이론이 잘 수렴되면서 기본 방향성이 옳다는 분위기가 확립되던 시기였지요. 학계로서는 한편으로 뿌듯한 상황이기도 했지만 다른 한편으로는 장차 무엇을 더 알아내야 할지 앞이 보이지 않는 교착상태이기도 했습니다. 그런 탓에 과학자들이 일자리도 얻지 못하고 퇴짜를 맞기 일쑤였어요. 그런데 그 후 10년가량 지났을 때, 그 지식적 토대의 취약성이 드러나기 시작했습니다. 덕분에 물리학이 갑자기 재미있어지기 시작했지요. 가장 놀라 웠던 것은 1998년에 발견된 '암흑에너지'입니다. 암흑에너지가 발견 됨으로써 '우주는 빅뱅이라는 폭발로 인해 시작되었으나, 중력의 영 향으로 점점 그 세력이 약해져 팽창이 느려지고 있는 상태다'라는 종래의 사고방식이 뒤집히게 되었습니다. '알고 보니 무언가가 중력 에 반하는 작용을 해 우주의 팽창을 부추기고 가속화하고 있더라' 라는 사실이 밝혀진 것입니다. 2003년에는 우주 에너지의 정체가 상당히 정확하게 규명되었습니다. 그 가운데, 우리가 흔히 '물질'이라 불렀던 원자가 우주 전체에서 차지하는 비율이 4.4%에 불과하다는 사실이 명확해졌습니다. 초등학교 때 '만물은 원자로 구성된다'라고 배웠던 기억이 있습니다만, 그건 터무니없는 거짓말이었던 거지요. 또 사람들은 우주라는 단어를 들으면 밤하늘에 빛나는 아름다운 별

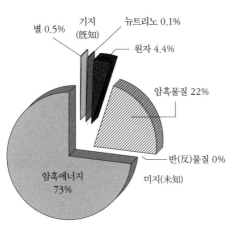

우주 에너지의 구성 비율

들을 떠올리지만, 별과 은하가 우주에서 차지하 는 비율은 0.5%밖에 되 지 않습니다. 원자를 제 외한 나머지 95%의 정체 를 보면, 22%가 '암흑물 질'이고, 73%가 '암흑에 너지'입니다. 암흑물질과 암흑에너지는 모두 현재 로서는 그 정체가 베일

에 싸여 있습니다. 단적으로 말해 우주는 우리 눈에 보이지 않는 것들로 가득 차 있고, 우주의 95%는 아직 수수께끼라는 겁니다. 이렇게 해서 기존의 물리학 이론에 거대한 균열이 발견된 셈이고, 이를 계기로 물리학은 엄청난 패러다임 전환기에 돌입했습니다. 거대한 균열을 발견한 이들이 줄줄이 노벨상을 수상했고, 전 세계 연구자들은 그 균열을 어떻게 수선할지를 놓고 새로운 도전에 나섰습니다. 문제에 대한 접근 방법을 생각하는 데에만 지난 10년가량이 흘렀습니다. 이제 겨우 실제 실험과 관측에 들어가, 뭔가가 발견되는 것 아니냐는 기대감을 안게 된 상황이지요. 최근의 흐름은 그렇습니다.

암흑에너지, 암흑물질 이야기가 아주 흥미롭습니다. 이쯤에서 지극히 아마추어적인 질문을 할까 하는데요, 어째서 그런 사실을 이제야 발견한 걸까요?

실은 1930년대에 중력만으로는 설명하기에 뭔가 부족하다고 느낀 사람들이 있었습니다. 은하단을 관측하던 연구자들이었지요. 은하단에는 수많은 은하가 모여 있는데, 각 은하가 굉장히 빠른 속도로 회전하는데도 불구하고, 위치가 고정적인 것을 보고 연구자들이 이상하게 여긴 것입니다. 은하들이 중력의 작용으로 서로 끌어당기고 있다지만, 고정적으로 그 자리에 머무르려면 눈에 보이는 별의 중력만으로는 부족하다고 느꼈지요. 그래서 무언가 보이지 않는 무거운 물질이 존재하고, 그로 인한 중력이 발생하는 것이 틀림없다

도쿄대 리더육성 수업 · 문제해결의 사고력

는 가정을 하게 됩니다. 하지만 당시에는 관측기술이 미흡했고, 관측 데이터가 있다 한들 그것을 해석할 이론이 발달하지 못해 그 이상을 알아내거나 확인할 수 없었습니다. 1970년대에는 더 많은 사람들이 그런 물질의 존재를 확신하게 되었습니다. 사람들은 그에 관해 '빛을 내지는 않지만 거대질량을 가진 물질'일 거라 추측했고, '암흑물질'이라 부르게 되었습니다. 암흑물질은 현재 관측 가능한 일반 물질의 약 5배나 되는 질량을 가졌고, 우주 탄생의 기원이라는 점이 분명해졌습니다. 즉 빅뱅으로 인해 암흑물질이 생겼고, 암흑물질들이 모이자 그 중력으로 인해 보통의 원자들이 끌려들어와 별이 형성되었으며, 그것이 은하로 성장했다는 줄거리입니다. 별은 생명의 원천이니까 그 별을 만든 암흑물질이 없었으면 우리는 존재하지 않았다는 이야기가 되지요. 암흑물질은 우리 주위에도 대량으로 존재하면서 우리 신체를 통과하고 다닌다고 여겨집니다. 신체를 통과한다고 하면 뭔가 기묘하고 무서운 느낌도 들겠지만, 보통의 물질과는 거의 반응하지 않는다는 것도 암흑물질의 특징입니다. 우리가 사는 태양계는 은하계 안에서 초속 220km라는 말도 안 되는 속도로 움직이고 있습니다. 그럼에도 은하계로부터 튕겨 나가지 않고 그 안에 머물러 있습니다. 그것도 암흑물질 덕분입니다. 지구의 공전속도도 무려 초속 30km나 됩니다. 놀랍지 않습니까? 초등학교에서 우리가 매초 30km로 움직이는 구체 위에 있다고 가르쳤다가는, 상상만 해도 현기증을 일으키는 아이가 나올까 봐 안 가르치는 거라는 농담을 할 정도로 빠른 속도지요.

그럼 암흑물질의 관측은 언제부터 가능해졌습니까?

은하의 회전 속도 측정법부터 이야기할까요? 우선 도플러 효과(Doppler effect)[8]를 이용해 은하의 맨 끝단에서 나오는 전파를 잡아 냅니다. 은하의 가장자리에는 별은 없지만 수소가스가 많이 있어서 전파가 발생합니다. 그 전파를 잡아서 파장을 정확하게 측정해야 하는데요, 그러려면 다양한 조건이 충족되어야 합니다. 과학자들은 1960년대가 되어서야 그런 조건이 충족되는 관측기술과 해석방법을 손에 넣게 됩니다. 이어서 은하의 회전속도를 관측함으로써 암흑물질의 존재를 측정을 통해 확인하는 단계도 펼쳐졌습니다. 정체불명의 물질이 있을 거라는 추측은 해왔지만, 존재를 확인하려면 보통의 물질과 구별을 할 수 있어야 하겠지요? 그 구별은 21세기 들어서야 가능해졌으니 지극히 최근의 일입니다. 뭔가 새로운 것을 설명할 때 갑자기 이상한 가설을 내놓는 방식이 아니라, 지금까지 밝혀진 내용을 이용하는 것이 과학의 정도(正道)입니다. 여러 가지 방법으로 조사해도 도저히 암흑물질의 존재를 부인할 수 없다고 확신하게 된 것은 2003년이었습니다. 우리가 알지 못하는 뭔가가 있다는 느낌이 들어도 그 뭔가의 존재를 확신하고, 나아가 관측 및 실험을 통해 확실해지는 단계에 도달하기까지는 여러 개의 장애물을 거

---

8) 음파나 전파 등 파장의 발생원과 관측자가 서로 가까워질 때는 파장이 짧게, 멀어질 때는 파장이 길게 관측되는 현상.

쳐야 하지요. 쉬운 일이 아닙니다.

그렇군요. 일반적으로 이론물리학은 '종이와 연필의 작업이다'라는 이미지가 있었습니다만 오해였군요. 현대 과학은 관측기술과 해석 방법 같은 인프라가 상당히 잘 갖추어져 있기 때문에 그 속에서 종합적 사고를 거쳐야 이론화할 수 있는 내용이 많고, 우주물리학 분야도 21세기 들어 그런 인프라가 빠른 속도로 정비되고 있다는 말씀이시군요.

예전에는 이론과 기술의 발전 단계가 일치하지 않기도 했습니다. 1980, 90년대는 이론이 먼저 나오고 나중에 가서야 실험을 통해 일일이 검증하는 시대였지요. 그렇게 하다 보니 이론 연구자들로서는 이미 알고 있는 내용을 실험이 뒤쫓아 오기만 하니까 재미가 없는 겁니다. 그런데 실험 연구자들이 의외의 사실을 발견하고 '이건 도통 모르겠다. 기존의 이론으로는 설명 못하는 거 아니냐?'라고 문제를 들이밀자 연구가 다시 활기를 띠게 되었습니다. 바로 그 전환점이 1998년의 암흑에너지 발견입니다.

실험 연구자들이 새로운 사실을 발견하는 역할을 한 것이로군요. 구체적으로는 어떤 실험장치가 그런 전환의 계기가 되었습니까?

관측자들은 애초에 우주의 팽창이 감속 중이라는 이론을 확인하고자 했습니다. 그런데 역설적이게도 그 반대 사실을 알아내게 되었고, 그 과정에서 암흑에너지라는 개념을 생각하게 된 것이지요. 오랜 관측 결과, 우주의 팽창은 감속하는 것이 아니라 가속하고 있었습니다. 결국 우주를 팽창시키려면 무언가 힘이 작용해야 한다는 생각에 이르렀고, 뭔지는 알 수 없지만 팽창을 촉진시키는 힘을 암흑에너지라고 부르게 된 것입니다. 암흑에너지는 우주가 팽창함에 따라 더 많이 솟아나는 불가사의한 존재입니다. 우주의 팽창에 관해 조금 설명을 하자면 이렇습니다. 아인슈타인의 일반 상대성 이론이 예언한 내용입니다만, 어디까지나 중력에 의한 현상이기 때문에 우주의 팽창은 지표에 서서 바로 위로 던져 올린 공의 운동과 같아야 합니다. 던져 올리는 최초 시점이 빅뱅이고, 위로 점점 올라가는 구간이 팽창입니다. 공을 던져 올리고 나면 중력 때문에 공이 올라가는 속도가 약해지다가 일정 시점이 되면 멈춘 다음 지면으로 떨어집니다. 이와 같이 우주도 처음에는 엄청난 기세로 팽창하지만 점점 팽창 속도가 떨어지다가 어느 순간에는 팽창을 멈추고 쪼그라들기 시작하다가, 마지막에는 빅크런치(big crunch)[9]라고 해서 순식간에 찌부러질 것이라는 것이 기존의 생각이었습니다. 학교에서도 그렇게 배우셨지요? 우주는 137억 년 전의 빅뱅에 의해 탄생했고, 그

---

9) 우주 종말 가설의 일종. 빅뱅 이후 우주는 계속 팽창했지만 우주 전체의 질량(에너지)이 일정 수치보다 클 경우 우주 자신의 중력에 의해 수축으로 전환된다는 것. 그렇게 되면 빅뱅 이후의 역사를 거슬러 올라가 초고온, 초고밀도 상태로 돌아가며 최종적으로 우주의 시공이 무너져 하나의 특이점으로 수렴된다는 내용이다.

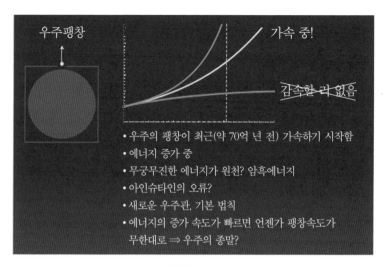

우주의 팽창

후 지속적으로 팽창해 왔으며, 우주 자체의 질량에 의한 중력으로 언젠가는 종말을 고하게 된다고 말입니다. 1990년대까지는 그렇게 생각했습니다.

그래서 연구자들은 감속 중이라는 증거를 얻기 위해 관측계획을 세웠습니다. 감속을 증명하려면 과거와 현재의 우주 팽창속도를 비교해 과거가 더 빨랐다는 것을 알아내면 됩니다. 과거의 팽창속도를 알아내려면, 먼 은하를 관측해서 그 은하가 멀어지는 속도를 도플러 효과로 측정해야 합니다. 같은 방식으로 가까운 은하도 관측해서 멀어지는 속도를 측정하면 최근의 팽창속도를 알 수 있습니다. 아이디어 자체는 간단하지요. 그런데 문제는 먼 은하와 가까운 은하의 거리를 어떻게 측정하느냐 하는 것이었습니다. 우주공간의 거리를 잰다는 게 쉬운 일이 아니거든요. 한번 갔다 와 볼 수도 없지 않습니까? 그래서 여러 사람이 머리를 쥐어짜 내놓은 아이디어가 바로 초신성 폭발[10]을 이용해 거리를 재는 방법이었습니다. 초신성 폭발이란 거대한 별이 일생을 끝낼 때 일어나는 대규모 폭발입니다. 1a형 초신성이라는 별은 폭발 때 빛의 밝기가 은하 전체(별이 천억 개)의 밝기보다 밝아지기 때문에 아무리 멀리 있어도 보입니다. 게다가 초신성은 같은 질량 등급의 경우 밝기가 같은 것으로 알려져 있습니다. 이 부분이 굉장히 중요한 포인트지요. 그러니까 초신성 폭발의 밝기를 관측하면 등급으로 예상한 원래 밝기와의 차이를 통해 거리를 알 수 있다는 겁니다. 가까이 있으면 밝게, 멀리 있으면 어둡게 보이지 않습니까? 자, 거리 측정은 그런 방식으로 이루어집니다.

그 다음 문제는 초신성 폭발을 어떻게 발견하느냐 하는 것입니다. 이게 어렵습니다. 초신성 폭발은 대단히 희귀합니다. 우리 은하 안에서 가장 최근에 발견된 것이 300년 전이니까 이후 300년 동안은 아무도 초신성 폭발을 보지 못한 겁니다. 그럼 어떻게 할 것이냐를 놓고, 시스템 엔지니어적인 발상으로 멋들어지게 난관을 돌파한 사람이 2011년 노벨 물리학상 수상자인 사울 펄무터(Saul

---

10) 백색 왜성(矮星, 밀도가 낮고 흰 빛을 내는 작은 항성)이, 공동의 무게중심 주위를 공전하는 자신보다 어두운 별인 동반성(同伴星)으로부터 가스를 점차 뺏어 오다가 수치적으로 태양 질량의 1.4배를 넘어서는 순간에 일으키는 격렬한 폭발.

Perlmutter)[11] 박사였습니다. 우리 은하계 내에서만 찾으려 하면 수백 년에 한 번밖에 안 일어나기 때문에 어렵지만, 우주 전체로 시야를 넓히면 은하가 천억 개나 되니 어디에선가는 초신성 폭발이 일어나고 있습니다. 그렇다고 우주 전체에서 찾는다는 건 정처 없는 방랑과도 같습니다. 게다가 너무 멀리 있는 초신성을 관측하려면 구경 4m 이상의 거대 망원경을 써야만 합니다. 체계적으로 찾는다 하더라도 발견한 초신성을 어떻게 추적할 것인지가 문제지요. 그래서 펄무터 박사는 '초신성 온디맨드(Supernovae on Demand)'라는 시스템을 구축했습니다. TV의 VOD(Video on Demand)처럼 '보고 싶을 때 찾을 수 있는' 시스템입니다. 우주의 초신성 폭발은 항상 어딘가에서 일어나고 있기 때문에 아주 광범위한 범위를 대상으로 한다면 확률적으로 따져 보아 상시 10개 정도는 발견되는 것이 정상이란 점을 이용한 겁니다. 확실히 발견할 수만 있다면 미리 거대 망원경 사용을 예약해 둘 수도 있고 말입니다. 우주물리학에서는 연구의 목적이 분명해도 우주를 상대로 하기 때문에 관측 방법을 못 찾는 경우가 종종 있습니다. 그런데 펄무터 박사는 확실히 관측할 수 있는 환경을 시스템화하고, 경쟁관계에 있는 전 세계 거대 망원경의 사용시간을 확보하겠다는 계획을 세운 것이지요. 정말 대단한 발상이라고 생각합니다.

---

11) 1959~현재. 미국의 천체물리학자. 현재 캘리포니아대학교 버클리 캠퍼스 교수.

제가 좋아하는 표현을 쓰자면, 세계적 희소자원인 거대망원경의 관측시간을 어떻게 효과적으로 활용할지에 관한 '사회 시스템 디자인' 감각이 뛰어난 분이셨던 것 같습니다. 이처럼 단순한 기술을 뛰어넘어 운영 시스템을 디자인하는 재능이 요구되는 분야가 늘고 있습니까?

필무터 박사의 사례는 드물게 잘 풀린 경우이기는 합니다. 하지만 관측과 실험에 쓰이는 장치가 나날이 복잡해지고 있기 때문에, 그 장치를 만들고 활용 시스템을 고안하는 시스템 엔지니어링이 중요하다는 것은 부인할 수 없는 사실입니다. 아까 하던 이야기를 이어갈까요? 관측이 가능해지면서 실제 초신성 폭발의 측정이 시작되었습니다. 초승달이 뜨는 밤에 거대망원경으로 우주를 척 둘러보면 폭발하는 불길이 실제로 10개 정도 보입니다. 관측자들은 그것들을 하나하나 추적해 거리와 팽창 속도를 표로 그리는 관측을 반복했습니다. 그럼 팽창 속도가 줄고 있다고 믿고 있었으니 가속도 커브가 떨어져야 되지 않습니까? 그런데 몇 번을 정성 들여 조사해도 기존의 정설과는 반대인 '가속 중'이라는 결과가 나왔습니다. 앞서 공을 던져 올리는 예를 들었는데, 위로 올라가는 속도가 중력 때문에 느려진 공이 어느 지점부터 갑자기 에너지가 확 늘어 가속도가 붙는 상태를 보게 된 것입니다. 대체 무엇이 도왔을까? 에너지는 왜 늘었을까? 모르는 것투성이지만 연구자들은 일단 이름을 '암흑에너지'라 붙입니다. '보이지 않는' 에너지라는 거지요. 그것이

도쿄대 리더육성 수업 · 문제해결의 사고력

1998년에 일어났던 대전환입니다. 이렇게 되면 우주의 운명은 어떻게 되는 걸까요? 모두가 목하 생각에 빠져 있습니다. 완전히 궁지에 몰린 셈이지요. 아인슈타인이 틀린 건지, 새로운 기본 법칙이 필요한 건지, 새로운 우주관이 필요한 건지? 팽창속도가 무한대로 늘어나 우주가 산산조각이 나 종말을 맞는다는 빅립(Big Rip)[12]이 일어날 가능성도 있습니다. 1998년 이전에 우주 팽창의 속도가 줄어들고 있다고 여기던 시절에는 미래의 연구자들은 관측하는 재미가 대단히 클 거라고 사람들이 생각했습니다. 우주의 팽창 속도가 줄어들고 수축까지 하면 먼 은하가 성큼성큼 인간의 시계(視界) 속으로 들어올 테니까 말입니다. 하지만 암흑에너지의 발견으로 우주의 미래는 뒤집혔습니다. 우주는 가속도적으로 팽창 중입니다. 그렇다는 것은 먼 은하는 점점 멀어져 안 보이게 되고, 언젠가는 가까운 별 정도만 보이게 된다는 말입니다. 아쉽지요. '우주 전체를 관측할 수 있는 시기는 지금뿐'이라며 문부과학성 사람들에게 예산을 독촉할 수 있다는 점에서는 좋지만 말입니다. (웃음)

현재 연구팀 규모는 어떻게 됩니까? 혼자서 할 수 있는 연구가 아닐 텐데 국제 협력 체제며, 인재 확보, 인재육성 문제는 어떤 식으로 해결하시는지 궁금합니다.

---

12) 우주 종말 가설 중 하나다. 빅뱅 이후 우주의 팽창 속도가 점점 늘어나 어느 시점이 되면 팽창 속도가 무한대가 된 끝에 별, 은하가 뿔뿔이 소립자 형태로 흩어지고 우주는 무한정 찢겨나가 종말을 맞는다는 것.

Kavli IPMU에는 현재 수학자, 물리학자, 천문학자를 포함한 90명의 연구자가 있습니다. 이렇게 서로 다른 분야 사람들이 한자리에 모여 함께 연구하는 시설은 세계적으로 전례를 찾기 어렵습니다. 그중에서도 암흑에너지 관측 프로젝트 팀은 현재 20명 정도로 규모가 커졌습니다. 요사이 전 세계 연구소들이 머리를 싸매고 있는 문제가 있습니다. 프로젝트가 커지면 소요 인원이 늘고 시간 및 돈도 많이 드는 데 비해 결과는 딱히 보장할 수 없다는 것입니다. 또 프로젝트는 예정보다 더디게 진행되는 경우가 많기 때문에 대학원생이 논문을 완성하지 못하는 사태도 발생합니다. 심각한 문제지요. 현재는 암흑물질 발견과 관련한 연구가 활발히 진행 중입니다. LHC(Large Hadron Collider, 대형 강입자 가속기)[13] 실험 등이 풀가동 상태이기 때문에 그 실험 데이터의 해석과 관련한 논문은 어떻게든 쓸 수가 있어서 당분간은 걱정이 없습니다. 그런데 지금으로부터 5, 6년 전에 대학원에 들어온 학생들은 운이 정말 안 따라 줬습니다. 실험 데이터만 나오면 암흑물질의 존재를 증명하는 논문을 쓸 수 있다는 기대에 부풀어 있었는데, LHC와 실험장치의 완성이 극심하게 늦어진 탓에 데이터 자체를 입수하지 못했던 거지요.

LHC 실험처럼 규모도 크고 장치화된 프로젝트의 경우, 장치가 한

---

13) 고에너지의 물리 실험을 목적으로 CERN(유럽 입자물리연구소)가 건설한 세계 최대의 원형 충돌 가속기. 스위스 제네바와 프랑스의 국경 지대에 위치하고 있다. 2010년에 가동을 개시했다.

창 제작 중일 때 때마침 대학원 시기가 겹치면 학생 입장에서는 손 쓸 도리도 없고 큰일이겠습니다.

맞습니다. 그런 경우 일본과 미국에서는 막막합니다. 그런데 유럽 대학들은 조금 달라서 실험 장치를 제작 중이거나 실험 디자인을 하는 도중에 시뮬레이션 한 데이터로도 학위를 딸 수 있게 되어 있습니다. 일본과 미국의 경우는 장치나 시뮬레이션으로 아무리 열심히 노력했다 해도 최종적으로 데이터를 입수해서 과학적으로 분석하는 단계까지 가지 않으면 논문으로 인정하지 않는 경우가 많습니다. 대형 프로젝트를 진행하면서 작은 아이템을 동시에 굴리기도 하는데, 소규모 아이템은 갈수록 꾸리기가 어렵습니다. 과학으로서 임팩트 있는 결과를 내려면 어느 성도의 규모가 반드시 따라 주어야 하기 때문에 교수 한 사람과 대학원생 몇 명으로 어디까지 의미 있는 작업이 가능할지를 따져 보면 회의적입니다. 그러다 보니 운이 안 따라 주는 시기에 논문을 써야 하는 학생과 그렇지 않은 학생의 차이가 벌어지고, 결국은 학위가 대체 뭐냐 하는 의문을 던지는 시점까지 왔지요.

카블리 수물 협동 우주연구기구의 기구장이라는 입장에서는 다양한 프로젝트를 매니지먼트하셔야 할 텐데, 여러 프로젝트 간의 균형에 관해서는 어떻게 생각하십니까? 예를 들어 대형 장기 프로젝트에 집중하면 팀의 존재감이 드러날 것이고, 소형 단기 프로젝트를 추진하면 학생들에게 학위를 따게 할 수 있습니다. 그런데 또 어느 한쪽에만 집중하면 리스크가 커지기 때문에 병행 추진도 필요할 것 같고요. 고민이 많으실 것 같습니다.

포트폴리오를 고려해야 한다는 생각은 합니다. 항상 머릿속에 막대그래프가 있어요. '이건 현재 여기까지 되었지만, 저건 아직 미흡하니까 조금 더 투자해야 전체적으로 잘 굴러가겠다'는 식이지요. 프로젝트 매니지먼트라는 관점의 체크포인트는 있지만, 그런 데 힘을 쓰는 건 저 자신에게 잘 안 맞는 것 같아요. 훈련을 받은 적도 없고요. 그래도 생각을 차분하게 하면 위험도 정도는 인식할 수 있지요.

Kavli IPMU는 연구 환경이 자유롭다고 들었습니다. 그럼 아무래도 인원이 들고 나는 일이 잦을 텐데, 그런 가운데서 팀을 유지하면서 다양한 프로젝트를 매니지먼트하기가 쉽지 않을 것 같습니다. 전 세계에서 유능한 연구자들을 끌어오려면 뭐가 가장 필요할까요?

역시 핵심 인물들이 중요합니다. **중추적 역할을 할 사람들이 매력적이면 주위에 사람들이 많이 모여듭니다. 사람은 역시 사람에게 끌리는 법이니까요.** 그 부분을 중요하게 여길 수밖에 없다고 봅니다. 더불어 관측이나 실험을 통해 얻어지는 데이터의 매력도 있습니다. 그러니까 사람의 매력과 데이터의 매력에 기대하는 거지요. 바로 얼마 전에는 미국인과 프랑스인 두 사람이 연구원으로 왔는데 그

들이 우리 기구에 온 이유 중 하나가 일본에 오면 스바루 망원경[14]
을 사용할 수 있다는 거였습니다. 역시 엄청난 매력 포인트라는 거
지요. 스바루 망원경은 일본이 제작했기 때문에 일본 연구기관에
속해 있으면 우선적으로 사용할 수 있는 조건이 충족되니까요.

관측과 실험을 위한 장치도 항상 첨단으로 정비하는 게 중요하겠
네요. 그런데 세상의 이해나 국가 예산 배분이 여의치 않으니 일본
의 연구 환경이 참 걱정스러운데 어떻게 보십니까?

재미있는 질문이네요. 그런데 걱정스러운지 아닌지는 그때
그때 비교할 문제입니다. 예를 들어 소립자 연구만 따져 보면, 지
금은 미국의 상황이 안 좋습니다. 그에 비해 일본은 최근 아주 잘
하고 있어요. 슈퍼 가미오칸데(Super-Kamiokande)[15]에서 뉴트리노
(neutrino)[16]에 질량이 있다는 사실을 밝혀낸 고시바 마사토시(小柴
昌俊)[17] 박사가 노벨상을 수상했지요, 고바야시 마코토(小林誠) 박

---

14) 미국 하와이에 있는 일본 국립천문대의 대형 광학 적외선 망원경. 8.2m의 현존 최대 단일
    반사경을 자랑한다. 2000년 12월부터 본격 가동을 시작했다.

15) 일본 기후현(岐阜県) 히다시(飛騨市)의 가미오카(神岡) 광산 지하 1000m에 건설한 도쿄
    대학 우주선(宇宙線)연구소의 우주 소립자 관측 장치.

16) 렙톤(Lepton) 족에 속하는 소립자. 중성미자(中性微子)라고도 한다.

17) 1926~현재. 일본의 물리학자. 직접 설계를 지도한 가미오칸데를 이용해 자연 발생한 뉴트
    리노를 관측하는 데 성공, 2002년 노벨 물리학상을 수상했다.

사와 마스카와 도시히데(益川敏英) 박사는 KEK(고에너지 가속기 연구기구)[18]에서 만든 가속기 B 팩토리(B-factory)[19]로 고바야시·마스카와 이론[20]을 검증해 노벨상 수상이라는 성과를 얻었습니다. 장치 개발이 실험을 가능하게 했고 좋은 결과를 도출했기 때문에 노벨상이라는 형태로 인정을 받게 된 것입니다. 이들 프로젝트가 세계적으로 주목을 받았으니 대형 프로젝트라고 생각하실지 모르지만 금액으로 따지면 100억~200억 엔 규모의 실험입니다. 앞서 언급한 LHC 실험 같은 경우는 아마 5천억 엔 정도는 들 겁니다. 유럽이 미국을 이기겠다고 의욕적으로 돈을 끌어다 만든 실험 장치니까요. 세계에서 가장 임팩트 있는 과학실험이기도 했지요. 일본은…… 글쎄요, 게릴라전이라고 부르면 될 것 같습니다. 규모는 그리 크지 않지만 재미있는 작업에 이리저리 노전해서 성과를 내는 느낌이랄까요. 유럽의 거대 프로젝트와 일본의 게릴라식 프로젝트가 거둔 성공에 가려 현재로서는 미국이 조금 주춤한 상태입니다. 미국의 문제는 일등이 아니면 안 된다고 생각하는 데 있습니다. 그러니까 작은 일에 꾸준히 매달리는 사람이 없는 거지요. 대형 작업이 상황적

---

18) 이바라키(茨城)현 쓰쿠바시에 거점을 둔 기초 과학 연구소. 고에너지 가속기는 전자, 양자 등의 입자를 빛의 속도에 가까워질 때까지 가속시켜 높은 에너지 상태를 만드는 장치다.

19) 소립자 실험에 쓰이는 'B 중간자'와 '반(反) B 중간자'의 쌍을 대량으로 만들어 내는 가속기.

20) 고바야시 마코토와 마스카와 도시히데가 1973년에 발표한 이론. 소립자의 일종인 쿼크가 자연계에 최소 여섯 종류 존재할 것이라 지적하고 그를 토대로 'CP 대칭성의 붕괴'를 규명했다. 두 사람은 2008년에 노벨 물리학상을 수상했다.

으로 항상 가능하다면야 문제가 없겠지만, 현실적으로는 예산이라는 장벽이 있습니다. 그런데 미국에서는 예산이 줄어들면 '이 정도 금액으로는 세계 최고의 작업을 못한다. 그러니 시도하지 않겠다'는 분위기가 있거든요. All or Nothing인 거지요. 현재는 Nothing 쪽으로 흘러가다 보니 문제가 되는 겁니다. 그런 의미에서 보면 일본의 연구 환경이 아직은 건전하다고 할 수 있습니다.

아무런 시도를 하지 않으면 연구자들도 흩어질 것이고 팀을 다시 꾸리기도 어렵지 않습니까? 정책보다는 사회 가치관이 문제인 것 같군요. 일등만 인정하는 미국과 유럽연합에 앞으로 중국까지 가세하면 그야말로 일등 지상주의 집단끼리 세계 최고를 가리는 경쟁이 펼쳐질지도 모르겠습니다. 일본은 중간 규모 프로젝트를 여럿 가동시켜 게릴라식으로 도전하는 중이고 말입니다. 일본은 일등 지상주의와는 거리가 머니까요. 연구개발 전략으로서는 충분히 해볼 만한 방향이라는 생각이 듭니다.

현재까지는 아주 성공적입니다. 물론 정치 문제를 포함해 불안 요소는 많습니다. 그래도 미래를 생각할 때 미국보다는 일본이 안심할 수 있는 요소가 더 많다고 봅니다. 일본과 유럽은 각기 이유는 다르지만 과학이 정치로부터 어느 정도 독립된 여건 하에 있습니다. 아마 그것 때문에 지금의 과학적 성공을 거두지 않았나 하는 생각도 해봅니다. 유럽의 경우는 아까도 언급했다시피 모두가 힘

도쿄대 리더육성 수업 · 문제해결의 사고력

을 모아 세계 최고의 연구에 매진 중입니다. 각국이 서명을 해서 CERN(유럽 입자물리연구소)[21]를 설립했기 때문에, 일단 연구를 할 때만큼은 각국 사정을 배제합니다. 나라마다 정치 문제가 산적해 있겠지만 거기 모인 순간만큼은 그런 문제들에서 자유로워지는 거지요. CERN의 안정감은 그런 여건 속에서 나오는 것입니다. 본받을 만해요. 일본의 경우는 미국 입장에서 보면 아주 잘 굴러가는 것처럼 보일 겁니다. 저는 Kavli IPMU에 오기 전 미국에서 '일본이 과학적으로 우수한 성과를 얻는 이유가 무엇이냐?'라는 질문을 자주 받았습니다. 총리도 그렇게 자주 바뀌는데 그런 불안정한 환경에서 어떻게 연구 성과를 내느냐고 미국인들이 신기하게 여겼어요. 저도 이유를 몰라 할 수 없이 '정치 상황이 자주 바뀐다는 것은 정치가가 책임지고 결단을 내릴 수 없다는 뜻이다. 그러니 기본적으로 현상유지라는 공무원식 사고가 지배적이고 그 덕에 오히려 연구 환경이 안정적이다'라고 둘러댔습니다. 그런데 일본에 와보니 정말 그럴수도 있겠다는 생각이 들었습니다. 일본에서는 성청(省廳, 한국의 정부 부처에 해당)의 역할이 대단히 큰 것 같습니다.

현재 가장 주력하고 계신 연구는 무엇입니까?

---

21) 스위스 제네바와 프랑스의 국경 지대에 위치한 세계 최대 규모의 소립자물리학 연구소. 각주 13)도 참조할 것.

SuMiRe(스미레) 프로젝트[22]라 부르는 우주 게놈 계획입니다. 게놈이란 생물의 성질을 근본적으로 정하는 유전정보입니다. 눈에 보이는 것이 아니지요. 마찬가지로 우주의 근본 얼개도 눈에 보이지 않는 암흑물질과 암흑에너지에 좌우됩니다. 그 성질을 이해해야 우주의 과거와 미래를 알 수 있습니다. 그런 의미에서 **우주의 게놈이라 할 수 있는 암흑물질과 암흑에너지를 알아내려는 시도를 '우주 게놈 계획'이라 이름 붙인 것입니다.**

'알아내려는 시도'라고 했는데, 암흑물질은 빛을 내지 않기 때문에 망원경으로 관측한다고 알아낼 수 있는 것이 아닙니다. 망원경으로 볼 수 있는 것은 별과 은하이지요. 별과 은하는 각각의 역사를 지니고 우주라는 공간의 터줏대감처럼 그 자리에 존재합니다. 하나하나가 개성적이에요. 하지만 우리가 궁금해하는 것은 우주의 진화와 미래이고, 그것을 규명하려면 우주 전체의 경향을 알아야 합니다. 그 작업에는 은하 하나하나의 개성이 오히려 방해가 됩니다. 그래서 우리는 우주의 전체적 경향이나 팽창의 가속 정도 등을 파악하기 위해 쉽게 말하면 '우주의 인구조사'를 실시합니다. 일본이라는 나라의 고령화가 어디까지 진행되고, 앞으로 어떤 식으로 속도가 붙을 것인지를 알고자 하는 것과 같은 이치지요. 우주의 인구조사를 하려면 당연히 수많은 은하를 몇 년 내에 관측해야 하겠

---

22) 'Subaru Measurement of Images and Redshifts'의 약칭. 스바루 망원경을 이용해 은하의 이미지와 적색편이(赤色偏移)를 관측을 한다는 의미.

지요? 이때 스바루 망원경이 힘을 발휘하는 겁니다. SuMiRe 계획
은 스바루 망원경을 개조해 허블(Hubble) 망원경[23]의 천 배 시야를
확보함으로써 그 같은 인구조사를 실현시키고자 합니다. 대구경(大
口徑), 광시야(廣視野)의 관측 장치를 확보하기 위해 Kavli IPMU는
국립천문대와 협력해 차세대 카메라인 HSC(Hyper Suprime Cam)를
만들었습니다. 중량 약 4톤, 픽셀 수 9억 개의 초광시야 카메라입니
다. 또 은하의 빛스펙트럼을 측정하는 초광시야 분광기 PFS(Prime
Focus Spectrograph)도 설계했습니다. 이 분광기는 약 3천 개의 천체
로부터 오는 빛을 동시에 측정하기 위해 파이버(fiber) 약 3천 개를
다발로 만들어 사용하는데, 순식간에 미크론(μ, 1미크론은 100만 분의
1미터) 규모의 정밀도로 방향을 정해 차례차례 관측해 나갑니다. 한
마디로 말하면 수많은 은하의 사진을 초광시야 카메라로 찍으면서,
동시에 각 은하로부터 오는 빛의 색을 초광시야 분광기로 프리즘을
만들어 조사하는 작업이지요.

그렇게 해서 눈에 보이는 은하의 지도가 아니라 보이지 않는 암흑
물질의 지도를 만든다는 말씀이군요.

암흑물질이 존재하면 그 중력 때문에 암흑물질 쪽으로 빛이

23] 지구 상공 610km 궤도에서 우주를 관측하는 망원경. 지상의 고성능 망원경보다 해상도는
10~30배, 감도는 50~100배 높다. 미국 항공우주국(NASA)과 유럽 우주국(ESA)이 개발해
1990년부터 관측활동 중.

배후에 있는 은하의 이미지 왜곡 ⇒ 암흑물질의 2차원 지도 작성
⇒ 분광으로 거리를 측정해 3차원 지도 작성

우주의 암흑물질 지도

휘어집니다. 그런 현상을 중력 렌즈 효과라 하는데, 아인슈타인의
일반 상대성 이론에서 도출된 것입니다. 중력에 의해 빛이 렌즈를
통과한 것처럼 휘는 현상이지요. 빛이 얼마나 휘는지를 조사하면
얼마만큼의 중력이 작용했고, 그 중력을 만들어 내는 물질이 얼마
나 존재하는지를 알 수 있습니다. 그러니까 그 효과를 이용하면 암
흑물질이 모이는 장소가 있을 경우, 그 배후에 있는 은하를 봤을 때
은하에서 나오는 빛이 암흑물질의 중력으로 인해 휠 테니까 은하의
형태가 왜곡되어 보이겠지요? 따라서 왜곡된 은하가 어디에 있는지
를 찾아내면 그 바로 앞에 있는 암흑물질의 분포도를 만들 수 있다
는 원리지요. 그러니까 우리는 우주 전체를 대상으로 은하의 빛의
휨 정도를 관측해 암흑물질의 존재를 추정할 수 있을 것으로 생각

도쿄대 리더육성 수업 · 문제해결의 사고력

합니다. 그렇게 해서 암흑물질의 3차원 지도를 만들면 우주의 기원 이후 전개된 진화의 양상을 똑똑히 파악할 수 있을 것입니다. 뿐만 아니라 이번 계획은 초광시야 카메라와 초광시야 분광기의 관측 결과를 조합해 400만 개의 먼 은하(수십억 광년 떨어진 은하)가 어떻게 분포해 있는지도 정밀하게 파악할 것입니다. 그렇게 우주 팽창의 역사를 해명함으로써 궁극적으로는 현재까지의 팽창의 역사를 통해 미래를 예측할 수도 있을 것입니다. 우주 팽창이 가속된 원인인 암흑에너지의 정체를 밝히는 과정에서 혹시 아인슈타인의 오류를 발견할 가능성도 있고 말입니다.

그런 관측이 가능한 망원경이 현재로서는 스바루 망원경밖에 없는 거지요? 개발 당시부터 암흑물질과 암흑에너지 관측을 염두에 두었던 것입니까?

사실 설계 단계부터 어느 정도 그런 아이디어가 있었다고 합니다. 하지만 처음부터 그렇게까지 중장비를 만들 수는 없으니까 조금씩 보강할 생각이었겠지요. 애초에 그런 생각을 가지고 기본 설비를 중후하게 마련하지 않았으면 이번에 그렇게 큰 장비를 추가하기 불가능했을 겁니다. 비슷한 크기의 망원경이 몇 있지만, 스바루 망원경에는 구조적으로 그런 선견지명이 녹아 있다는 점이 차이지요. 스바루 망원경이 완성되던 시기에는 제가 미국에 있었기 때문에 그쪽에서 나돌던 평판을 다양하게 접할 수 있었습니다. 그때 이미 구경 8m급 망원경이 있었는데, 스바루 망원경은 그 3배 정도 많은 돈이 들어갔습니다. 그만큼 구조가 탄탄했다는 건데 당시 미국에서는 '일본인들은 쓸데없는 돈을 퍼부어서 저런 걸 만든다'는 말도 나돌았습니다. 그런데 우주 관측의 흐름이 180도 변했지 않습니까? 별이나 은하 하나하나를 꼼꼼히 조사하는 방식에서 아까 말씀드린 인구조사 방식으로 말입니다. 그렇게 방향이 바뀌자마자 스바루 망원경이 압도적인 힘을 발휘하고 있습니다. **이처럼 과학의 세계에는 하나의 발견으로 인해 트렌드가 일변하는 순간이 있습니다. 그 트렌드의 변화를 놓치지 않고 살아남아야 하지요.**

지적 세계의 기업가

학창 시절, 도쿄대학 교양학부에 무척이나 머리 좋은 친구가 있었다. 우리의 차이는 수학 시험 때만 되면 극명하게 드러났다. 나는 마지막 1분 1초까지 매달려야 겨우 답을 찾아낼까 말까 했지만 그 친구는 시험이 시작되고 20분 정도가 지나면 답지를 제출하고 나가 버렸다. 그는 문제를 보면 저절로 답이 보인다고 했다. 최고의 도구가 될 수 있는 두뇌는 따로 있다는 사실을 인정하지 않을 수 없었다. 당시 그 친구는 진로를 이론물리학으로 정할지를 두고 고민 중이었다. 그런데 놀랍게도 고민의 핵심은, 이론물리학의 최첨단 내용을 따라잡는 데 걸리는 시간을 제외하고 나면, 이후 자신의 독자적 이론을 펼칠 수 있는 시간은 몇 년 안 될 것이라는 데 있었다. 인생을 건 도박을 할 배짱은 없어 보였다. 그때의 기억 탓인지 내게는 '이론물리학 학자는 도구로서의 두뇌가 우수할 뿐 아니라 배짱도 두둑한 인물이어야 한다'는 선입견이 생겼다. 두뇌와 배짱은 아마 필요조건일 것이다. 하지만 이제 와 보니 그것만으로는 또 충분하지 않다는 생각이 든다. 학계의 경쟁을 견디고 우뚝 서기 위한 전략, 그리고 종이와 연필만으로는 대응할 수 없는 거대 연구 프로젝트에 대한 매니지먼트 능력까지도 필요하기 때문이다. 우수한 인재가 모여들 수 있도록 매력을 키우고, 그 사람들이 편안하게 연구를 계속할 수 있는 환경을 조성하는 일은 지극히 복잡하고도 어려운 작업이다.

지식 세계의 기업가(Entrepreneur)가 되어야 하는 이유가 여기에 있다. 무라야마 선생이 기구장으로 있는 Kavli IPMU는 조직 자체도 독특한 발상에서 나왔지만 그 조직을 품은 도쿄대학 가시와(柏) 캠퍼스 내 건물도 대단히 특이하다. 수학, 물리학, 천문학의 전문가들이 각자의 연구실에 틀어박히는 것이 아니라 서로가 늘 만나고 자유롭게 논의할 수 있도록, 무라야마 선생 말에 따르면 '이탈리아의 거리 광장 같은' 공간이 중앙에 자리 잡고 있다. 거기에는 칠판(화이트보드가 아니다)이 여럿 놓여 있다. 흥이 오르면 언제라도 분필로 수식을 써가며 논의를 벌일 수 있는 분위기를 조성해 놓은 것이다. 실제 각 층에서 그런 장면이 펼쳐진다. '협동'이라는 추상적 말보다 구체적 활동이야말로 사람과 사람의 관계를 만들어 낼 수 있

도쿄대 리더육성 수업 · 문제해결의 사고력

다는 것을 깨우치게 하는 구조다. 빅뱅, 팽창하는 우주, 블랙홀 같은 단어는 이제 일상적인 표현이 되었다. 그런데 무라야마 선생과의 대화에 등장한 '암흑물질', '암흑에너지'는 바로 최근까지만 해도 아무도 들어본 적 없는 개념이었다. 적어도 20세기의 교과서는 한 번도 다루지 않았다. 우리에게 익숙한 물질세계는 우주의 전체 에너지 중 4% 정도밖에 되지 않는다는 연구 결과, 암흑물질 등이 없었으면 우주에 은하계가 존재하지 않았을 것이며 결국 돌고 돌아 인류는 생겨나지도 못했을 거라는 가설은 지금까지 없었던 충격적인 발견이다. 우주의 팽창이 가속 중이라는 새로운 관측 사실과 그 작용의 원천이 암흑에너지라는 가설도 마찬가지다. 우리의 우주관, 인간관은 근본적으로 뒤흔들릴 것이 틀림없다. 물리학뿐 아니라 다른 제 과학, 그리고 철학이 엄청난 영향을 받을 것이다. 적어도 물리학의 세계에서만큼은 아인슈타인(Albert Einstein, 1879~1955)의 상대성 이론, 보어(Niels Bohr, 1885~1962)의 원자모형, 하이젠베르그(Werner Heisenberg, 1901~1976)의 불확정성의 원리, 슈뢰딩거(Erwin Schrodinger, 1887~1961)의 파동역학, 드 브로이(De Broglie, 1892~1987)의 물질파에 필적할 20세기 이후의 새로운 패러다임의 막이 올랐다. 젊은 연구자들에게 근사한 가능성이 열리기 시작한 것이다. 최근 CERN과 거대장치 LHC가 힉스입자와 관련해 세간의 주목을 받고 있다(각주 13, 21 참조). 그 유럽 최고의 조직에서 약 100명의 일본인 연구자들이 활약 중이다. 그중에는 박사 논문을 쓰기 위해 가 있는 젊은 연구자들도 많이 있다. 필자는 수년 전 현지를 방문해 그들과 여러 이야기를 나눈 적이 있다. 언론이 진단한 '일본 젊은이들은 해외로 나서기를 두려워하고 내부지향적이다'라는 인상과는 무관해 보인 그들은 일본과 스위스를 오가며 논문 쓰기에 매진하고 있었다. '실험 결과 아무것도 발견하지 못하더라도 그건 그것대로 박사 논문이 된다'고 무심하게 이야기하는 모습이 대단히 인상적이었다. 어깨에 힘줄 줄 모르는 지극히 평범한 젊은이들이 머리와 배짱을 두루 갖춘 느낌이었다.

요코야마 요시노리

다양한
현상으로부터
보편성을 찾는 힘

도쿄대학 대학원 농학생명과학연구과 교수

난바 시게토

難 波 成 任

식물병리학

Namba Shigetou
난바 시게토

도쿄대학 대학원 농학생명과학연구과 교수, 도쿄대학 EMP 기획위원장 / 1951년 출생. 도쿄대학 농학부 졸업. 동 대학원 농학계 연구과 박사과정 수료. 미국 코넬 대학교(Cornell University) 객원연구원, 도쿄대학 농학부 조교수, 동 대학원 농학생명과학연구과 교수. 1999년 동 대학원 신영역(新領域)창성(創成)과학연구과 교수를 거쳐 현재에 이름. / 전공은 식물병리학. 식물 바이러스, 식물에 여러 질병을 일으키는 미생물인 파이토플라즈마(Phytoplasma), 파이토플라즈마를 옮기는 곤충과 식물과의 상호작용에 관해 주로 연구한다. 또 바이러스의 진화와 그 기원에 관해 살핌과 동시에 병원성, 바이러스 수송, 숙주 결정 등 각종 중요 기능에 관여하는 유전자 규명 등에도 매진 중이다. / 저서로『최신 식물병리학』, 『식물 바이러스학』,『식물병리학』(이상 공저),『식물 의과학 上』(감수) 등이 있다. / 2002년 일본 식물병리학회상, 2004년 일본 마이코플라즈마학회 기타모토(北本)상, 2010년 에미 클라인버거 노벨상(Emmy Klieneberger Nobel Award), 2013년 자수포장(紫綬褒章) 등을 수상.

> 식물병으로 인한 식량 손실은 매년 25억 명분.
> 식물병의 원인균을 연구해 일본인 최초로 E.K.노벨상을 수상했고
> 일본 최초의 식물병원을 개설해 식물의사를 키우고 있는 난바 시게토.
> 기초과학을 넘어 사회문제까지 염두에 둔
> 유연한 연구 활동의 배경을 엿보았다.

요코야마   난바 선생님께서는 '식물병리학'을 연구하시지요? 도쿄대학 식물
병리학 연구실은 그 분야의 세계 최초 연구실이라 들었습니다.

난바   그렇습니다. 1906년에 세계 최초로 식물병리학 연구실이 만
들어졌습니다. 식물병리학이란 것은 미생물 때문에 발생하는 식물
병[24]의 발병 메커니즘을 밝히거나 진단, 치료, 예방 기술을 개발하

---

24) 미생물로 인한 병해, 해충 피해, 잡초 피해, 저장 중의 과실에 발생하여 과실을 부패시키는
저장병해, 병원균과 해충 이외의 요인으로 발생하는 생리장해 등의 총칭.

는 학문 영역입니다. 예전에는 후자가 중심이었습니다. 메이지 시대(明治, 1868~1912) 이전에도 식물병리학의 역사는 있었지만 미생물은 육안으로 보기 어렵기 때문에 '해충으로 인한 식물병'과 '미생물로 인한 식물병'을 구별할 수 없어 충해(蟲害) 속에 병해(病害)가 포함되어 있었습니다. 일본어로 '벌레'라는 의미의 '무시(蟲)'가 '습도가 높다, 푹푹 찌다'라는 뜻의 '무시무시스루(蒸し蒸しする)'라는 단어에서 왔듯이 두 개념이 섞여 있었지요. 가고시마(鹿兒島) 지방에서는 20세기 중반까지도 균류병인 담배역병을 단추벌레라고 불렀습니다. 에도시대(江戶, 1603~1867) 후기의 농부 고니시 아쓰요시(小西篤好)[25]가 쓴 『농업여화(農業余話)』에는 '병과 벌레는 시작과 끝의 관계다. 기가 쇠하면 병이 되고 병이 끝나면 벌레가 된다'라는 구절이 나오지요. 그렇게 병과 벌레는 하나로 여겨졌습니다. 유럽에서는 그리스 시대부터 병해를 식물에 발생한 변화라고 생각했습니다. 그러다가 19세기 들어서 파스퇴르(Louis Pasteur)[26]가 미생물이 공기 중에 존재한다는 사실을 배양액을 통해 증명함으로써 생물의 자연발생설이 근본적으로 뒤집혔지요. 이후 '병원학(病原學)'이 급속히 발전했고, 의학자가 식물병리학까지 소화하는 형태로 근대화가 진행되었습니다. 그런 와중에 식물학자 시라이 미쓰타로(白井光太郎)[27] 선생은 1906

---

25) 1767~1837. 에도 후기의 농부. 오랜 농사 경험과 지식을 토대로 1828년에 『농업여화(農業余話)』를 간행했다.

26) 1822~1895. 프랑스의 화학자. 세균학자.

27) 1863~1932. 식물병리학자. 일본 식물병리학의 초창기 연구자.

년에 세계 최초로 도쿄제국대학(東京帝國大學) 농과대학에 식물병리학 연구실을 만들었습니다. 시라이 선생은 여러 식물병해의 병원균을 밝혀내고 일본 '식물병리학'의 기초를 닦았습니다. 여담입니다만 식물학자로 분류되는 시라이 선생은 알고 보면 고고학자이기도 했고, 일본의 마지막 본초학자(本草學者)이기도 했습니다. 그분이 야요이(弥生) 토기의 최초 발견자라는 건 모르셨지요? 1884년, 당시 학생이었던 시라이 선생이 친구 두 사람과 함께 발견한 겁니다. 발견을 하고 보니 조몬(繩文) 토기와는 전혀 달랐답니다. 그래서 발견지의 지명을 따 '야요이 토기'라 이름 붙였는데, 그것이 바로 야요이 문화의 발굴로 이어졌다는 일화는 유명합니다. 당시 친구 중 한 명은 이과대학 교수가 된 쓰보이 쇼고로(坪井正伍郎)[28] 선생이고, 또 한 명은 공학부 교수가 된 아리사카 쇼조(有坂鉊藏)[29] 선생입니다. 쓰보이 선생은 그 발견을 계기로 인류학 교실의 초대 교수가 되었지요. 세기의 발견을 기념하는 의미로 '야요이 토기 발굴지'를 나타내는 비석이 지금도 도쿄대학 농학부와 공학부 사이에 서 있습니다.

그 시대의 연구자들은 특정 분야에 한정되지 않는 관심과 지견, 경험을 갖추고 있었군요.

---

28) 1863~1913. 자연인류학자. 일본 인류학의 선구자라 평가 받는다.

29) 1868~1941. 해군, 공학자.

학문은 어떤 분야건 관심에서 비롯되는 것입니다. 왕성한 호기심과 열정은 기본입니다. 하나 더 보태자면 생명력도 필요하고요. 시라이 선생은 약초 전문가였기 때문에 불로장생의 약이라 여겨지던 말린 투구꽃[30]을 으깨 상용했는데 친한 지인들에게도 종종 나누어 줬다고 합니다. 그런데 그 효과가 하도 좋아서 안 그래도 대식가였던 데다가 유도로 갈고닦은 강건한 몸까지 뒷받침 된 덕에 자거나 쉬지 않고도 일주일 내내 일할 수 있었다고 합니다. 그러다 보니 지인들에게서 의뢰가 많아졌대요. 그래서 제약소에 제조를 의뢰했는데 독성 성분이 많아졌는지 친구들에게 보내기 전에 직접 맛을 보다가 급기야 사망하고 말았습니다. 약초 책의 권두에 이 이야기가 꼭 들어갑니다. 어쨌든 시라이 선생의 경우는 원래 이학(자연과학)부 식물학에 적을 둔 분이셨는데 이념적인 세계만 다루면 재미없다면서 실학인 농학 쪽으로 옮긴 사례입니다. 그에 비해 저는 시작은 농학이었는데 첨단생명과학으로 갔다가 다시 농학부로 돌아와 있습니다. 처음 농학을 떠난 것은 1998년에 '신영역창성과학연구과'라는 대학원이 생길 때였습니다. 대학원 개설 작업에 참가했다가 첨단생명과학 전공을 담당했지요. 첨단생명과학은 공학, 자연과학, 약학, 의학 관련 선생님들과 함께 머리를 맞대는 온갖 학술 영역의 총집합체입니다. 그쪽 방면은 학문적 이념 세계를 연구하지요. 지금은 다시 농학부로 돌아와 있으니 시라이 선생이 실천한 패러다임의 전

---

30) 미나리아재비과(科) 초오속(屬)의 총칭. 말린 뿌리는 한방에서 약으로 쓰며 맹독성이다.

환이 제게는 두 번이나 있었던 셈입니다. 농학부는 작은 종합대학 같은 곳입니다. 자연과학, 공학, 의학, 약학, 경제학 등 실학 부분이 다 모여 있어요. 게다가 제가 있는 곳은 예전의 농학과인데 자연과학, 의학, 경제학적 요소가 어우러진 곳이지요.《네이처(Nature)》같은 학술지에 대한 논문 게재를 목표로 연구하는 신영역창성과학연구과에서 오면 이쪽은 분위기가 180도 다르다는 느낌을 받습니다. 그도 그럴 것이 같은 과학인데도 지향점이 완전히 다르거든요. **'현재의 다양성 속에서 현상의 보편성을 도출한다'**는 방향성 면에서 크게 차이가 납니다. 이념적 학문의 세계인 첨단생명과학 쪽에서는 애기장대(Arabidopsis Thaliana)[31]를 연구하는 사람도 그 결과가 벼나 인간에게 응용될 거라고 생각합니다. 그런데 농학 쪽에서는 벼, 보리, 대두 같은 식물뿐 아니라 미생물, 곤충 등 온갖 생물을 전체적으로 살피고 거기서 드러나는 다양한 현상으로부터 보편성을 도출한다는 접근 방식이기 때문에 일상적인 사고 패턴부터 상당한 차이가 있는 것 같습니다.

그렇다면 난바 선생님께서는 특정 시점에 '다양성 속에서 보편성을 찾는' 방향으로 연구의 축을 옮기셨다는 말씀입니까?

---

31)] 식물분자생물학의 연구용 모델 식물이다. 생물학에서 문제에 가장 수월하게 접근할 수 있는 생명체를 모델 생물로 정하는 것은 일반적 방식이다. 식물생명과학에서는 원래 개별 식물에 관한 연구가 주를 이루었지만 1990년대부터는 식물 유전체 해독 프로젝트가 시작되면서 염색체가 다섯 쌍밖에 안 되는 애기장대가 모델 식물로 선정되었다.

처음부터 그런 생각은 하고 있었습니다. 문제는 '전개'라는 부분이었지요. 그런데 그 '전개'라는 건 우연과 필연이 만나는 과정에서 흐름이 만들어지는 겁니다. 겉으로 드러내지 않더라도 '다양성 속에서 보편성을 이끌어 내겠다'는 방향성을 기본적으로 오랫동안 품고 있었지요. 저는 대학교 2학년 때 농학부에 진학하기로 마음먹었습니다. 수업이 끝난 후 밤에 이루어지는 자유 연구 세미나 중에 대장균 파지(Coli Phage)[32]에 관한 두꺼운 영어 교과서를 읽고 토의하는 시간이 있었습니다. 그때 굉장히 흥미를 느껴서 바이러스를 공부해야겠다는 생각을 했어요. 그래서 제일 먼저 학내 바이러스 연구자들을 모조리 조사한 다음, 당시 약학부에 계셨던 미즈노 덴이치(水野伝一)[33] 선생님을 찾아갔습니다. 그런데 그분이 이듬해에 퇴임을 하신다는 겁니다. 그래서 그 다음으로 이학부 수업에 몰래 들어갔는데 교수님은 수업에 오지도 않고 학생들끼리 칠판에 뭔가 끄적거리더군요. 재미있을 리가 없잖습니까? 그래서 농학부 쪽으로 시선을 돌렸습니다. 당시는 요라 기요시(與良清)[34] 선생님과 도이 요지(土居養二)[35] 선생님이 파이토플라즈마[36](Phytoplasma. 그때만 해도 '마이

---

32)] 박테리오파지(Bacteriophage)의 준말로 세균에 감염되는 바이러스를 말한다. 특이 파지의 존재는 그것이 숙주로 삼는 세균의 존재를 간접적으로 시사한다. 예컨대 시료 중에서 콜레라균의 특이 파지가 검출되면 그 속에 콜레라균이 존재할 가능성이 있음을 나타낸다.

33) 1919~현재. 약학자. 생화학회 회장, 일본약학회 회장. 1978년 일본학사원상 수상.

34) 1921~2013. 식물병리학자. 1978년 일본학사원상 수상.

35) 1927~2006. 식물병리학자. 1978년 일본학사원상 수상.

36) 식물에 기생해 병해를 일으키는 미소세균.

코플라즈마 유사 미생물(Mycoplasma-like organism)이라 불렀음)를 세계 최초로 발견한 직후였습니다. 그런데 그 두 분이 바이러스 연구도 하신다는 것을 알고 농학부 진학을 결심했지요. 두 분은 그 후 일본학사원상을 수상하셨는데, 그때가 수상 직전이었기 때문에 연구도 대단히 활발하게 이루어지던 시기였습니다.

그런데 실제로 가보니 연구실 선생님들의 사고방식이 상당히 개성적이었습니다. 예를 들어 바이러스 연구를 할 때 전자 현미경과 원심기를 사용하는 것은 좋은데, (당시의) 분자생물학적 기법 자체에 대해서는 그리 곱게 보지 않으셨습니다. 무슨 말인가 하면, 병이 일어나는 메커니즘을 이해하려 할 때 바이러스를 아무리 잘게 쪼개 세밀하게 분석해 본들 시스템 전체를 이해할 수도, 재현할 수도 없다는 기었어요. 당시는 난백질이 얼마나 있는지 등이 알려지지 않았던 시절입니다. **"자네 내 말 잘 듣게. 아무리 어두운 밤에도 '멍'하고 짖는 소리만 들으면 개라는 걸 알 수 있지 않나. 그렇게 단번에 와 닿는 발견으로 이어지는 연구가 중요한 거야.** 핑계나 대고 그저 편하게 실험한 내용을 가설로 연결해도 죽이 되건 밥이 되건 결과야 나오겠지만 그런 건 아무것도 아니라고"라는 이야기를 술자리에서 들은 기억이 납니다. 이학부와는 참 많이 다르다는 생각을 했지요. 그런데 지금 생각해 보면 그런 장벽을 만들어 주셨기 때문에 오히려 딴 생각 하지 않고 실험에만 매진할 수 있었던 것 같습니다. 그 과정에서 사고의 중요성을 깨달았지요. 하나의 재료를 모델로 삼아 분석하는 건 농학부에서는 아무 도움이 안 된다는 걸 알았습니다. 지금도 마찬가집니다. 동료들 중에는 분자생물학 쪽으로 분야를 옮긴 사람도 있지만, 분자생물학은 기법이고 목적은 아니라는 걸 당시에는 몰랐지요. 그래도 뭔가 하나를 제대로 해내면 부모건 상사건 믿어 주고 자유를 주지 않습니까? 그 덕분에 박사 학위를 딴 다음에는 상당히 자유로워져서 분자생물학적 테크닉을 비롯해 첨단 기법을 도입해 갔습니다. 식물 바이러스와 파이토플라즈마, 그것을 매개하는 곤충과 식물과의 상호작용을 거시적 차원부터 분자 차원에 이르기까지 다양한 기법을 이용해 연구했지요.

파이토플라즈마 연구에 관해 듣고 싶습니다. 난바 선생님께서는 2010년에 마이코플라즈마학 국제상인 'E.K. 노벨상'을 일본인 최초로 수상하셨습니다. 식물 마이코플라즈마를 '파이토플라즈마'라고 명명하신 것도 선생님이시지요?

도이 선생님이 파이토플라즈마를 발견한 공로를 인정받아 학사원상을 수상한 뒤 사반세기 동안 분자생물학적 연구는 진전이 없었습니다. 배양이 어려웠기 때문이지요. 그래서 '내가 나서겠다'라는 생각으로 앞뒤 가리지 않고 연구를 시작했습니다. 파이토플라즈마는 '매미충'이라는 이름의 작은 해충의 몸을 매개로 퍼집니다. 발병한 식물의 수액을 매미충이 빨아먹을 때 매미충의 몸으로 들어와 기생하다가, 매미충이 다른 식물의 수액을 빨아먹을 때 그 식물로 옮아가지요. 당시에는 식물의 개별 병명에 '파이토플라즈마'를 붙이는 방식, 즉 '뽕나무 위축병 파이토플라즈마' 같이 병원체를 있는 그대로 불렀기 때문에 파이토플라즈마가 전 세계에 천 종류 이상 있었습니다. 저는 우선 파이토플라즈마 검출법부터 확립했습니다. 당시 최첨단이었던 PCR법[37]이라는 유전자 증폭 기술을 이용하기로 했지요. 감염이 의심되는 식물과 곤충을 가지고 조사를 하는데, 파이토플라즈마가 있으면 그 게놈까지 찾아내는 방법입니다. 이것은 유전자 대량 증폭 기술을 식물 병원체에 이용한 최초의 사례입니다. 저는 증폭한 DNA를 그대로 직접 DNA 시퀀서(DNA Sequencers)[38]에 한 시간 정도 걸어 염기배열을 해독해 내는 기법을 확립했습니다. 그렇게 해서 바이러스 이외의 식물 병원체 중에서는 최초로 파이토플라즈마에 관해 분자 수준의 비교분류를 했고 진화에 관해 조사할 수 있었습니다. 그 결과 당시 '마이코플라즈마 유사 미생물'이라 불리던 미소세균(파이토플라즈마)이 마이코플라즈마[39]와는 전혀 다르다는 것을 알아냈고, 그리스어 어원을 활용해 '파이토(Phyto, 식물의)+플라즈마(Plasma, 물질)'로 명칭을 변경했습니다. 또 그때까지 전 세계에 천 종류 이상 있었던 파이토플라즈마를 불과 38종의 파이토플라즈마속(屬)으로 정리했습니다. 이로써 국제적으로 서로 비교

---

37)] 중합효소 연쇄반응(Polymerase Chain Reaction)의 약자. DNA 중합효소를 이용해 아주 적은 양의 DNA를 대량으로 증폭할 수 있다. 영화 〈쥐라기 공원〉에서 공룡을 부활시킬 때 소개된 바 있다.

38) DNA의 염기배열을 자동적으로 해독하는 장치.

39] 주로 포유류, 조류에 병을 일으키는 병원균.

하고 논의할 수 있게 했지요. 도이 선생님 이후 연구에 진척이 없었던 또 하나의 이유는 '단백질'에 있습니다. 마이코플라즈마의 단백질 합성 형식은 일반 생물과 다르기 때문에 그 단백질을 일반 생물에서 찾아낼 수 없었습니다. 그래서 사람들은 파이토플라즈마도 마찬가지일 거라 여겼어요. 그런데 저희가 파이토플라즈마의 단백질 합성 형식을 조사한 결과, 일반 생물과 동일했습니다. 그건 기존의 상식을 뒤엎는 대발견이었습니다. 그 덕에 세계적으로 파이토플라즈마 연구가 단숨에 활기를 띠게 되었습니다. 그래서 이번에는, 배양이 불가능한 생물에 대해, 모두가 포기했던 게놈 해독에까지 도전하게 되었습니다. 발상을 바꾸면 된다고 생각한 거지요. 저는 파이토플라즈마 감염 식물의 게놈을 통째로 해독한 뒤, 건강한 식물의 게놈을 해독해 뺄셈을 했습니다. 메타게노믹스(Metagenomics)[40]의 원점이라고도 할 수 있는 발상입니다. 미국, 영국, 프랑스, 독일, 이탈리아, 호주 등도 적극적으로 나섰는데, 일개 연구실 수준에서 도전했던 저희 팀이 2004년에 세계에서 최초로 게놈 해독에 성공을 거두었습니다.

논문에서는 파이토플라즈마를 '궁극의 게으름뱅이 세균'이라 표현하시기도 했고 '퇴화적 진화를 한 미생물의 생존전략'이라는 지적

---

40) 환경 샘플 중의 미생물을 배양하지 않고, 혼재한 상태의 게놈 DNA를 직접 분석하는 연구 분야.

도쿄대 리더육성 수업 · 문제해결의 사고력

도 하셨던데, 상당히 독특한 생명체인가 봅니다.

최근 판도라바이러스(Pandoravirus)라는 이름의, 유전자 수
가 많은 거대 바이러스가 발견되었습니다(2013년). 크기는 0.7μ(미크
론, 1μ은 1m의 백만분의 일), 게놈은 250만 염기, 유전자는 2,600개나
됩니다. 대장균은 3μ, 520만 염기, 4,300개의 유전자를, 파이토플라
즈마는 최소 0.1μ, 56만 염기, 420개의 유전자를 가졌지요. 그러니
까 파이토플라즈마는 크기 면에서는 거대 바이러스의 7분의 1, 대
장균의 30분의 1이고, 게놈 사이즈 면에서는 거대 바이러스의 5분
의 1, 대장균의 10분의 1이며, 유전자 수 면에서는 거대 바이러스
의 6분의 1, 대장균의 10분의 1밖에 안 됩니다. 지금까지 유전자 수
가 가장 적은 생물로 여겨졌던 마이코플라즈마의 경우, 게놈이 약
58만 염기, 유전자 수가 약 480개니까 파이토플라즈마는 마이코플
라즈마보다 유전자 수가 적은 것입니다. 마이코플라즈마가 생체 밖
환경에서 생존할 수 있는 데 비해 파이토플라즈마는 살아 있는 세
포에 형성된 풍부한 영양 환경 속에서 살기를 택했기 때문에 유전
자 수를 최소한으로 줄여도 생존할 수 있었던 거지요. 아무튼 파
이토플라즈마는 지금까지 알려진 가장 작은 생물보다, 거대 바이
러스보다 단순하다는 겁니다. 파이토플라즈마에는 생존에 꼭 필요
한 에너지 합성효소나 영양소(당분) 수용장치가 없습니다. 또 핵산
염기(DNA·RNA의 재료)와 아미노산의 합성회로도 없습니다. 이건 생
존에 필요한 물질의 대부분을 숙주로부터 조달한다는 이야기입니

다. 아마도 오랜 기생생활 끝에 스스로 일하기를 그만둔 결과겠지요. '궁극의 게으름뱅이 세균'이란 스스로 아무것도 만들지 않고, 기생한 상대로부터 모든 것을 빼앗아 살기 때문에 논문을 실은 《네이처》의 편집장이 붙인 별명입니다.

파이토플라즈마는 어떻게 해서 식물에 병을 일으키는 건가요?

파이토플라즈마의 게놈에서는 기존의 병원성 유전자가 발견되지 않았습니다. 미지의 유전자가 병원성과 관련이 있을 가능성이 높다는 거지요. 파이토플라즈마는 에너지와 영양분을 스스로 만들 수 없기 때문에 기생한 세포에서 흡수하는 수송 장치를 많이 가지고 있습니다. 식물이 열심히 만든 물질을 가로채야 하니까요. 식물이 파이토플라즈마에 영양분을 빼앗기면 양분 결핍 증상을 나타내고 잎과 줄기가 성장불량으로 위축되다가 누렇게 말라 죽습니다. 또 가지가 짧아지고, 키가 자라지 않으며, 옆으로 잔가지가 많이 납니다. 이런 특징이 전설 속 괴물 '텐구(天狗)'의 둥지와 닮았다 하여 일본에서는 '텐구둥지병(Witches' Broom, 빗자루병)'이라 불렸는데, 그 원인이 알려지지 않은 상태였습니다. 그런데 파이토플라즈마에서 분비되는 단백질이 40개 정도 되니까 범인은 그중에 있겠지요? 그래서 하나하나 식물에 주입해 본 결과, 불과 38개의 아미노산으로 이루어진 작은 단백질이 범인이었습니다. 우리는 그 단백질에 'TENGU'라는 이름을 붙였습니다. 또 각각의 파이토플라즈마는

반드시 특정 매미충 종류를 매개로 하여 전염됩니다. 그래서 그 메커니즘을 조사했지요. 그 결과 파이토플라즈마는 종류에 따라 각각 다른 구조의 Amp 단백질이 막의 표면을 빽빽하게 뒤덮고 있다는 것을 알았습니다. 그리고 곤충이 식물의 수액을 빨아먹을 때, 장속에 들어가 장 내벽의 단백질과 Amp가 결합할 수 있는 파이토플라즈마만이 체내에 들어갈 수 있다는 사실도 밝혀냈습니다. 그러니 그 결합을 저해하는 약을 발견하면 파이토플라즈마병을 예방할 수 있겠지요.

그런 병이 일본에서는 언제부터 있었습니까?

상당히 오래 전부터 있었습니다. 게놈 정보를 가지고 추정할 때 파이토플라즈마의 조상은 지금으로부터 6억 년 전에 나타났고, 1억8천만 년 전 쥐라기 후기에 곤충과 식물에 감염되는 파이토플라즈마가 분리된 것으로 보입니다. 현재 남아 있는 가장 오래된 기록은 지금으로부터 180년 전에 누에의 먹이인 뽕잎이 오그라들고 잔가지가 무성하게 나 전체가 기형적으로 변하는 병이 문제였다고 기술한 부분입니다. 오늘날의 뽕나무 위축병의 역사가 꽤 오래되었다는 것을 알 수 있지요. 그리고 1880년 이후 양잠업이 활발해졌을 무렵부터는 파이토플라즈마병이 지극히 심각했습니다. 전문가도 원인을 알지 못해 결국 30~40년 동안이나 방치되었는데, 그사이에 벼 등의 곡물과 채소, 수목에 동일한 증상이 국내외에서 보고되었

도쿄대 리더육성 수업 · 문제해결의 사고력

습니다. 도이 선생님은 1967년에 전자현미경으로 관찰해 파이토플라즈마를 찾아냈습니다. 지금도 세계적으로 피해가 큽니다. 중국에서는 오동나무에 대규모 피해가 나타났고, 동남아시아와 아프리카, 아메리카 대륙 등에서는 세제와 섬유의 원료로 쓰는 야자나무, 바이오에탄올의 원료인 카사바 등으로 피해가 확산되고 있습니다. 야자나무 등에는 일단 발생하면 그해 안에 밭이 전멸한다고 합니다. 그래서 게놈 해독의 성과를 이용해 진단 키트를 개발, 제품화하고 개도국에서도 이용할 수 있도록 개량하는 연구를 하고 있습니다.

선생님의 활동 영역이 기초 연구뿐 아니라 임상 쪽으로도 미친다는 말씀이시군요.

그렇지요. 2008년에는 도쿄대학 농학부에 국내 최초로 '식물병원'을 개설했고, 그 바탕이 되는 '식물의과학' 교과서와 연구실을 만들었습니다. 병해, 충해, 생리장애 등 식물병을 종합적으로 진단, 치료, 예방하는 임상기술과 '식물의사'를 양성하기 위한 교육 프로그램 등도 개발하고 있고요. 지바현 가시와시(千葉縣 柏市)에서는 일반 시민을 위한 강의 등을 여는데, 일본 식물의과학협회의 인정을 받은 약 700명의 식물의사들이 활약 중입니다. 세계적으로 보면 전체 식량 생산 가능량 중 3분의 1이 매년 식물병 때문에 사라지고 있는 것이 현실입니다. 그중에서도 병해가 15%, 25억 명분의 식량에 해당하지요. 식물의과학의 연구성과를 현장(임상)에 접목시켜서 식량 손실을 줄일 수만 있다면 전 세계 기아인구(약 9억 명)를 먹여 살릴 만큼의 식량을 지킬 수가 있습니다. 그러니 임상이 중요하지요.

난바 선생님께서는 보편성과 다양성 양쪽을 모두 추구할 수 있는 환경을 만들어 일하고 계신데 아무나 그렇게 할 수 있는 것이 아니라는 점에서 참 대단하십니다. 화제를 바꾸어 보지요. 과학이라 하면 어쨌든 무기적(無機的)이고 진리만을 추구하는 냉철한 이미지를 주기 쉽습니다. 하지만 연구를 추진하는 과정만큼은 인간 냄새 나는 작업 아닐까요?

그럼요. 인간적인 작업입니다. 연구 활동의 주체는 인간이니까요. 오히려 그 인간다움을 활용해야 진리탐구의 장을 만들 수 있다고 생각합니다. 고등학교 때 커서 연구자가 되고 싶다고 진로 지도 선생님께 말씀드렸더니 '대학은 인간적인 곳이니 대학 이외의 곳에서 하라'는 말씀을 해 주셨는데, 실제 들어와 보니 대학이 연구하기 제일 쉬웠습니다. 하지만 인간다움이 연구에 꼭 필요하다고 인정할 생각은 없습니다. 인간답다는 것은 매니지먼트 부분이 담당해야 할 역할이고, 과제설정과 사고는 중립적이고 자유롭게 이루어져야 한다고 봅니다.

매니지먼트에도 다양한 방법이 있습니다. 이야기가 복잡해 죄송합니다만, 견고한 히에라르키(Hierarchy, 위계질서)가 형성되어 있어서 군대식으로 움직여야 성과를 낼 수 있는 경우가 있는가 하면, 다양성을 중시해 통일성이 없는 와중에 무언가를 만들어 내는 경우도 있습니다. 예를 들면 '쓸데없는 얘기 할 시간이 있으면 조금이라도 더 팔아 오라'고 등을 떠밀어 실적을 쌓게 하는 것이 전자인데 반해, '불평 많고 태도는 마음에 들지 않지만 능력만큼은 인정'하는 식으로 개성을 받아들인 뒤 결과가 부족한 부분에서 두드러진 성과를 내게 하는 것이 후자입니다. 대학에서는 후자식 매니지먼트가 필요할 것 같습니다. 하지만 현실은 좀처럼 그렇게 흘러가지 않지요?

그렇습니다. 창의력이 요구되는 곳에는 후자식 매니지먼트가 절대적으로 필요합니다. 전자는 어느 정도 방침이 정해진 뒤 일정 가치관 아래에서 단숨에 추진하는 경우에 효과적이지요. 대학에서는 후자가 요구되는데 전자의 방법으로도 성과를 올릴 수는 있습니다. 유능한 연구자들만 확보되면 출발신호가 떨어지자마자 정해진 규칙대로 내달리게 하면 되니까요. 하지만 그건 기업이나 연구기관에 어울리는 방식입니다. 요즘 일본의 연구 부문에서는 '젊은이'의 정의가 변했습니다. 연구자들도 고령화로 인해 예전 같으면 교수가 되었을 나이의 연구자들이 포스트 닥터(Post Doctor)[41] 상태로 자리가 비기만을 기다리는 상태예요. 그런 '젊은이'들이 대규모 예산을

---

41) '박사 후 과정'이라고도 하며 박사 학위 취득 후에 임기제로 취직한 연구원을 말한다.

획득하는 거물 연구자들 밑에 흡수되고 있지요. 그렇게 되면 어쨌든 성과는 나겠지만 그 성과가 창의적 산물은 아닙니다. 그것이 대학의 약점이고, 개선해야 할 부분이지요.

어쨌든 성과는 나타난다고 하셨지만, 사실 그런 방식이라면 연구의 단계에 따라서는 오히려 연구에 방해가 될 수도 있지 않습니까?

맞습니다. 제 연구 인생을 돌아봐도 박사 학위를 따기 전까지는 아주 딱딱한 히에라르키 속에서 군대식으로 달릴 것을 강요받았고, 박사 후 과정부터 조수 시절까지는 자유로웠습니다. 그리고 조교수 자리가 있으니 오겠느냐는 제안을 받고 농장에 갔을 때는 군대식으로 추진해야만 하는 업무들이 주어졌습니다. 그래도 운 좋게 1년 후부터는 대규모 연구 예산을 딴 덕에 업무와 연구를 병행하면서 자유롭게 움직일 수 있었지요. 또 신영역창성과학연구과를 개설하는 작업은 군대식이었지만, 다시 농학부로 옮겨 온 후에는 자유로운 분위기에서 연구에 몰두했습니다.

그건 난바 선생님이기 때문에 가능하지 않았을까 싶습니다. 자동차로 말하면 기어 체인지를 하신 건데, 일반적으로 그리 쉬운 일이 아니지 않습니까?

완급을 자유자재로 바꿀 수 있는 능력을 육성하는 것이 대학의 원래 역할입니다. 저는 학부 때 운이 좋았다고 생각하는데, 그 이유는 농학부에 전자현미경실이라는 학부 공통시설이 있었기 때문입니다. 그곳에 가면 다양한 분야의 학생, 연구자와 만날 수 있었고, 다양한 스킬과 노하우를 배울 수 있었으며, 저도 가르쳐 줄 내용이 있었습니다. 제빙기 안에 맥주를 넣어 놓았다가 저녁 5시가 넘으면 한 잔씩 마시면서 자신이 소속된 연구실의 매니지먼트와 그 현황, 전말에 관해 이야기를 나누었지요. 선생님들이 들려주신 경험담, 선택의 시기가 다가올 때 학생들이 느끼는 고민 등을 나누었던 것이 훗날 결단을 요하는 자리에 섰을 때 크게 도움이 되었습니다. 그곳은 살롱 같은 분위기였어요. 접이형 간이침대도 있었고, 장기판도 있었지요. 그런 데서 시간을 보내는 사람들은 여유가 있고 중심축도 흔들림이 없는 사람들입니다. 지금도 각자의 분야에서 활약하다가 만나는 일이 많습니다. 거기서 만든 횡적 유대관계가 지금도 살아 있는 거지요. 그랬던 전자현미경실이 지금은 아주 한산합니다. 요즘 기계는 대부분이 각각의 필요에 최적화되어 있기 때문에 다른 분야 사람들과 나누어 쓰려 하지 않습니다. 그래서 횡적 유대관계를 만들려고 '무슨무슨 살롱'을 기획해도 와야 할 사람들이 안 와요. 이전에 총장 보좌 시절에는 고기능 기기와 유능한 젊은이들이 모이는 자유로운 공동실험센터를 도쿄대학 혼고(本鄉) 캠퍼스[42]에

42] 도쿄대학의 여러 캠퍼스(혼고, 고마바, 가시와, 시로가네, 나카노 등) 중 하나. 혼고 캠퍼스에는 법학부, 의학부, 공학부, 문학부, 이학부, 경제학부, 교육학부, 약학부, 농학부가 있다.

만들자고 총장님께 제안한 적도 있을 정도입니다.

선생님은 어쩌다가 바이러스와 식물 분야에 관심을 가지게 되셨습니까?

중학교 때는 운동부와 수학연구회 활동을 했고, 고등학교 2학년 때까지는 수학이나 양자역학을 공부할 생각이었습니다. 집에 양자역학 책이 많았지요. 입시 공부는 싫어하면서도 수학은 좋아해서 다카키 데지(高木貞治)[43] 선생의 『해석 개론』을 고등학생 때 독파했을 정도였습니다. 입실론 델타로 시작해서 입실론 델타로 끝나는 그 책을 마지막까지 읽으려면 끈기가 필요해요. 끙끙대며 읽은 뒤에 느낀 점은 '그래서, 결국 어쨌다는 거지?'라는 거였지요. 거기서 벽에 부딪혔습니다. 너무 속도를 내 읽은 탓인지 모르겠지만 흥미를 잃고 말았어요. 그 후에 생물학으로 전향했지요.

저는 지금도 그 책을 가지고 있어요. 언젠가는 마지막까지 읽으려 했는데 아직 실천은 못하고 있지요. (웃음)

43] 1875~1960. 수학자. 수학자들에게 가장 큰 영예로 여겨지는 필즈상의 심사위원을 지냈다. 대수적 정수론 연구에서 수체론을 확립했고, 크로네커(Leopold Kronecker, 1823~1891)가 제시한 수학계의 과제인 '청춘의 꿈'을 해결했다. 다비트 힐베르트(David Hilbert, 1862~1943)가 제안한 '20세기에 풀어야 할 가장 중요한 24개 문제(Hilbert's problems)' 중 9번째 문제와 12번째 문제를 긍정적으로 해결한 바 있다. 해석론의 권위자로 꼽힌다.

그러세요? 다들 그 책과 씨름을 벌이지요. 정말 강렬한 책이었습니다. 저는 생물 쪽으로 눈길을 돌리고 나서도 수학에 대한 미련을 쉽게 버릴 수 없었습니다. 그래서 계속 고민을 했고 마지막에는 교토에 있는 오카 기요시(岡潔)[44] 선생님 댁까지 찾아갔습니다. 수학을 그만두는 것이 좋을지, 계속하는 것이 좋을지 여쭤 보고 싶어서 말입니다. 역시 대가는 다르더군요. 교복에 학생모를 쓰고 찾아간 저를 만나 주셨습니다. 제 이야기를 고개를 끄덕이며 들어주셨어요. 결국 아무런 답도 주지 않으셨지만 말입니다. 진로지도를 받을 때 온갖 얘기를 다 들었던 것과는 아주 대조적이었어요. 그 덕에 저는 정말로 제 생각대로 움직여야 한다고 생각했고 도쿄에 돌아와서는 마음을 정했지요. 나의 바람에 답을 주는 분야는 생물일지도 모른다고 가닥을 잡은 겁니다. 젊은 혈기에 내린 결론일 수도 있습니다만. 어쨌든 **저는 수학을 예술이라고 생각합니다. 공간에 존재하는 한 점에서 또 다른 점으로 선을 긋고, 또 하나의 평행선을 그으면 양자는 영원히 만나지 않는다고 가정할 수 있지요. 하지만 아주 조금이라도 오차가 생기면 만나게 됩니다. 그것이 현실입니다. 현실과 다른 예술성 때문에 수학을 동경하는 겁니다.** 중학교 때 활동하던 수학연구회에서는 줄곧 일본 전통 주산에 관심을 가졌어요. 수학이 좋아진 건 주산의 예술성에 매력을 느꼈기 때문이

---

44)] 1901~1978. 수학자. 나라(奈良)여자대학 명예교수. 다변수 복소 함수론에서 근본적인 업적을 남겼다. 특히 당시 미해결 문제였던 하르톡스(Hartogs)의 역문제에 도전해 20년의 세월을 들여 해결했는데, 이는 현대수학의 계층이론에 지극히 중요한 바탕이 되었다.

기도 합니다.

수학이 난바 선생님의 마음을 사로잡고 좀처럼 놓아주지를 않았나 보군요.

그랬지요. 고등학교 때였습니다. 국제 반전의 날에 신주쿠(新宿) 소란사건[45]이 일어났습니다. 시위대가 신주쿠역으로 밀려드는 것을 봤을 때는 일본이라는 나라가 사라지지 않을까 하는 생각이 들 정도였습니다. 이듬해에는 야스다(安田) 강당[46]에서 치열한 공방전이 벌어졌지요. 조용하게 공부만 할 수 있는 상황이 아니었습니다. 『해석 개론』이라는 책을 읽었지만 차분히 생각이란 걸 하고 있을 수 없었지요. 학생들이 교실에서 책상을 들어냈고, 선생님들을 에워싸고 '제복(교복)을 없애라!'고 요구하기도 했습니다. 수학 선생님과도 충돌을 일으켜 수업을 못 받게 되었어요. '책상머리에서 공

---

45)] '국제 반전의 날'은 매년 10월 21일로 정해진 일본의 기념일. 1966년 10월 21일에 일본노동조합총평의회가 '베트남 반전 통일 파업'을 일으키면서 전 세계 반전운동단체에 베트남 전쟁 반대를 호소한 데 유래한다. '국제'라는 말이 들어 있으나 일본의 국내 기념일이다. '신주쿠 소란사건'은 1968년 10월 21일에 도쿄 신주쿠에서 베트남 전쟁 반대와 관련해 발생한 폭동사건이다.

46] 도쿄대학 혼고 캠퍼스에 있는 강당. 학생운동이 한창이던 1969년 도쿄대학 투쟁 때 전학공투회의(全學共鬪會議)에 의해 점거되었고 학교 측이 요청한 경찰기동대에 의해 학생들이 해산되는 과정에서 다수의 부상자가 속출하는 등 격렬했던 학생운동을 상징하는 건물이다. 이후 계속 창고로 쓰이다가 1989년 보수를 시작해 1991년부터는 졸업식 거행장소로 이용되고 있다.

도쿄대 리더육성 수업 · 문제해결의 사고력

부만 해서는 안 된다, 실천이 따르지 않는 공리공론(空理空論)을 아무리 떠들어 봐야 세상을 변화시킬 수는 없다'고 생각했습니다. 감수성이 예민한 나이였기 때문에 보일 수 있는 반응이었겠지요. 수학에서 갑자기 생물로 진로를 바꾼 데에는 그 시절 분위기도 큰 영향을 미쳤습니다. 인간사회에서 온갖 소동이 일어도 눈앞의 개미는 행렬을 지어 어디론가 묵묵히 이동하고 있었습니다. 그들의 세계가 흥미롭다고 느꼈어요. 그 뒤로는 도쿄대학의 응용미생물연구소(현재의 분자세포생물학연구소)에 매일 드나들었습니다. 제 맘대로 찾아가서 '뭔가 재미있는 일을 시켜 달라'고 부탁했지요. 요새 같으면 상상도 못할 일 아닙니까? 그래도 고등학교 교복을 입은 저를 연구실에 들여보내 주셨습니다. 거기서 항생물질 때문에 생기는 저지원(Inhibition Zone)에 빠져들었습니다. 한천 배양액에 균을 넣고 항생물질을 침투시킨 디스크(Disk, 작고 동그란 종이)를 올리면 디스크 주위에 균이 자라지 않는 도넛 모양의 원(저지원)이 생깁니다. 사실 그 지대에서는 눈에 보이지 않는 방대한 수의 세균과 항생물질의 다툼이 반복되고 있는데, 겉으로 드러난 결과가 그렇지요. 사소한 실험이지만 당시 제게는 한천 배양액이 일본 열도로, 거기서 싸우고 있는 일개의 세균이 저 자신처럼 보여서 견딜 수 없었습니다.

생물을 대상으로 한 세계는 현재 어떻게 흘러가고 있는지 궁금합니다.

저는 물리학, 수학을 좋아하다가 생물 분야로 옮겨 온 사람인데, 요즘은 생명과학도 물리화학적, 수학적 분석이 주류를 이루고 있는 것 같습니다. 기계를 많이 갖추고 밤낮 해석에 매달려요. 정보의 폭발이 필연적인 만큼 하나하나의 부품에 대해서는 아주 잘 알지요. 하지만 '그럼 어떻게 하면 생명을 만들 수 있느냐?'라는 문제에 이르면 그 누구도 답을 제시하지 못합니다. 인간은 60조 개의 세포로 이루어져 있고, 한 개의 세포에는 60억 개의 염기쌍으로 이루어진 게놈이 들어 있어 방대한 정보를 저장하고 있습니다. DNA 조사 기술이 아무리 발달했어도 생명 합성의 기술은 모르는 겁니다. 그 부분에 대한 의문은 조금도 줄이지 못한 채 눈앞의 연구에 매달리는 사람들이 너무 많습니다. 게놈 해독 기술은 급속히 진보했습니다. 지금은 십만 엔을 내고 한 시간 정도 기다리면 인간 게놈 해독 결과를 받아 볼 수 있을 정도입니다. 앞으로 몇 년만 지나면 한 시간 이내, 만 엔 정도에 해독 결과를 입수할 수 있을 거예요. 하지만 분석은 어디까지나 분석일 뿐입니다. 심지어 자신의 DNA에 들어 있는 비정상 요소를 분석해 유전병을 찾아내고 치료하는 것이 주요 목표가 되고 있습니다. 유전자 검사가 요즘 굉장히 주목을 받고 있지 않습니까? 하지만 그런 분석 데이터는 어디까지나 다수의 환자로부터 얻은 유전자 빅 데이터를 바탕으로, 유전자의 특징과 병의 인과관계에 관해 통계적 예측을 한 것에 불과한 경우가 많습니다. 문제는 유전자 검사를 사업화하는 과정에서 온갖 형질을 진단하려는 욕구가 커져 결국은 어설픈 인과관계 인자까지 진단의 근거로 삼을지도 모른다는 것입니다. 빅 데이터의 전형적 오용이지요. 빅 데이터를 이용할 때는 그 점에 유의해야 합니다.

저는 오랫동안 경영 컨설턴트 일을 했는데, 주로 가설검증형 문제 해결 방법을 썼습니다. 가설을 세우고 데이터를 모아 분석한 뒤, 검증해 가는 접근법입니다. 그 과정에서 현지조사나 인터뷰, 데이터 분석 등을 통해 가설이 틀렸다는 것이 증명되면 기존의 가설을 버리고 새로운 가설을 만들어 내기를 반복합니다. 그렇게 해서 과제에 점점 다가가지요. 그런 과정을 생각하면 제임스 왓슨(James Watson)[47]이나 크레이그 벤터(Craig Venter)[48]가 했던 건 분석이라기보다는 데이터 수집에 가까운 작업 아니었을까요?

맞습니다. 일종의 박물학이지요. 현재의 정보생명과학에서는 염기 하나의 변화에 대해 하나의 시스템만 염두에 둡니다. 실제로는 염기 하나의 변화가 일어날 때 시간축, 공간축에서 서로 얽힌 무수한 시스템 프로그램이 새로 작성되는데 그 분석까지는 아직 미치지 못한 거지요. 원래 생명은 DNA에 의해서만 지배되는 시스템이 아닙니다. 생명은 다양한 시스템이 어우러진 이른바 '슈퍼 시스템'입

---

47) 1928~현재. 미국의 분자생물학자. DNA의 이중나선구조를 밝혀낸 공로로 1962년에 노벨 생리의학상을 수상했다. 2007년에 자신의 완전한 게놈 배열을 공개했다.

48) 1946~현재. 미국의 분자생물학자. 실업가. 2007년에 자신의 완전한 게놈 배열을 공개했다. 게놈 연구 및 그 산업적 이용에 힘을 쏟고 있다.

니다. 슈퍼 시스템이라 부르는 이유는 개개의 시스템을 개별로 이해하고 있어도 전체를 이해하지 못한 상태이기 때문입니다. 관련 있는 모든 시스템을 총칭해서 부르는 것이지요. 슈퍼 시스템의 가장 중요한 기능은 시스템이 시스템 자체에 명령을 내려 스스로 조직화 작업을 한다는 것입니다. 인간이 벌이는 모든 활동, 환경에 대한 적응 등을 이해하려면 시스템끼리 어떻게 영향을 주고받는지에 관해 이해할 필요가 있습니다. 그럼 슈퍼 시스템이란 무엇인가? 슈퍼 시스템은 새로운 자손이 탄생할 때 이미 만들어져 있고, 최초의 단세포 시기 때 이미 기능을 합니다. 세포를 구성하는 단백질, 핵산 등 모든 것이 프로그램에 따라 순차적으로 생기고, 각각이 기능을 하기 시작하는 과정에서 그 생명의 개성이 결정되는 것. 그들 각 부품의 조합, 위치에 따라 생명의 개성이 결정되는 것. 그것이 슈퍼 시스템입니다. 따라서 DNA를 아무리 잘 알아도 생명체와 DNA는 다릅니다. 생명체는 DNA로 환원할 수 있는 것이 아니지요.

'데이터 확보'와 관련해서는 미국을 빼고는 이야기할 수 없을 것 같습니다. 그 나라는 게놈에 관해서도 어쨌든 전체 데이터를 다 장악하려 하거든요.

데이터 확보는 미국의 전략입니다. 일본도 전략을 짤 필요가 있어요. 그런데 개화기 때부터 일본은 줄곧 구미 열강의 전략을 한 발 늦게 받아들이고, 추종하는 입장이었습니다. 차별화했다는 게

고작 '서양 사람들과는 유전적 배경이 다르니까 일본인에 관해서도 빅 데이터를 모을 필요가 있다'는 정도예요. 그런데 그런 생각은 이미 재탕, 삼탕에 불과하기 때문에 일시적 발판밖에 안 된다는 것을 알아야 합니다. 최초의 과제설정 단계에 문제가 있다는 거지요. 그래서는 안 됩니다. **독자적인 과제를 설정하고, 보다 부가가치가 높은 연구를 전략적으로 추진해서 성과를 내야 합니다.** 정치인이나 관료뿐 아니라 기업인들도 이를 알아야 하는데, 그보다 대학이 먼저 모델을 제시해야 합니다. 제가 2004년에 식물병리학연구실에 와서 '식물의과학' 분야를 만들기로 결심한 것도 바로 그런 위기감이 있었기 때문입니다. 식물병리학 연구가 서양을 따라가는 형태로 미시적 세계, 나노의 세계로 들어가 식물생산, 식량생산의 임상현장과 괴리되는 현상을 우려한 것입니다. 그래서 식물병리학의 안티테제로서 식물의과학을 제창하고 임상을 강화하기 위해 식물병원을 열었던 거지요. 기초연구의 성과를 바탕으로 임상현장에서 뭔가 도움이 되는 기술을 개발해 그것을 보급하려 했더니, 기업과 협상을 해야 하더군요. 그러니 싫건 좋건 사회적 관점에서 사고를 전개할 필요가 있습니다. 그렇게 시야를 넓혀야지, 대학 연구실에 틀어박혀 있으면 독자적인 전략이고 뭐고 떠오르지도 않고, 세상에 내세울 수는 더더욱 없습니다.

전략이라는 점에서 지적하자면 일본은 GMO(Genetically Modified

Organism, 유전자 변형 생물체)[49] 분야에서도 세계적 동향에 많이 뒤쳐진 상황입니다. 사람들이 아직 불안하게 여기는 경향이 강한데, 난바 선생님께서는 현 상황을 어떻게 보십니까?

식물의 유전자 변형 기술을 이용하면 어떤 유전자라도 주입할 수 있기 때문에 세포 내에서 새롭게 발현되는 물질이 알레르기나 암을 일으키는 원인이 될지도 모른다고 걱정하는 사람들이 있습니다. 그 점에 대해서는 충분한 시험이 이루어진 후에 실용화되어야 마땅하지요. 그런데 우리는 이미 인공적 첨단기술로 대량생산한 것들을 일상생활에서 누리고 있습니다. 대표적 사례가 변형 유전자 재조합 기술(Recombinant DNA Technology)로 만든 의약품입니다. 의료에서는 유전자 재조합 기술과 세포융합, 세포배양법을 이용한 의약품을 모두 합해서 '바이오 의약품'이라 부릅니다. 그런데 농업분야에서는 세포융합과 세포배양만을 '바이오기술'이라 부르며, 유전자 변형 기술은 별도로 취급했습니다. 그것이 의료와 농업의 명암을 갈랐지요. 의료에서는 항상 '생명의 문제', '건강의 중요성', '병원체가 혼입된 제제로 인한 약물피해 문제'를 오래전부터 논의해 왔습니다. 하지만 농업은 그렇지 않았습니다. 정확한 지식적 근거가 없는 발언을 방치하고 말았다는 말입니다. 장기 비전이 결여돼 있었다는 의미이기도 합니다. 그래서 부정적 시선이 쏟아지는 것입니다.

---

49) 유전자 변형 기술에 의해 품종 개량된 생물. 본 장에서는 특히 유전자 변형 식물을 가리킨다.

예전의 농림수산성 농약검사소나 식물방역소처럼 유전자 변형 작물과 식품 안전시험을 다루는 세계 최고 수준의 검사기관이 필요합니다. 예를 들면 식물의과학연구소 같은 기관을 만들어 세계를 선도해야 한다는 거지요. GMO라고 하면 특정 종류의 유전자를 주입하는 과정에서 게놈의 여러 군데로 유전자의 파편이 흩어진다거나 유전자에 상처가 난다고 알려져 있습니다. 또 주입한 유전자가 예상 밖의 영향을 다른 유전자에 줄 가능성도 있습니다. 이에 관해 해석을 잘못하면 안 됩니다. 정확한 근거도 없이 두려워하고, 피하는 것은 너무나도 단편적인 생각입니다. 왜냐하면 통상적 교배를 통해 탄생한 작물, 채소, 꽃, 가축, 애완동물, 그리고 우리 인간에게까지도 똑같은 일이 일어나고 있기 때문입니다. **자연계에서 일어나는 '유전사 변형 현상'에 비하면 현재의 유전자 변형 기술은 지극히 일부에 불과하다는 사실을 올바르게 알릴 필요가 있습니다.** 그것도 식물의과학연구소가 담당하면 좋겠지요.

일반인들이 사이언스 리터러시(Science Literacy, 과학 구사 능력)가 결여된 미디어를 통해 정보를 얻다 보면 쓸데없이 예민해지는 게 당연합니다. 하지만 정치인이나 관료들이 바로 그 점을 파악해 일본의 전략을 세워야 할 것 같습니다.

2012년 시점의 전 세계 GMO 재배 면적은 1억7천만 ha(헥타르)였습니다. 일본 농지 면적의 약 34배, 일본 국토의 4.5배, 세계 경작 면적의 약 11%나 됩니다. 앞으로 더욱 늘 겁니다. GM 종자시장의 규모는 1.5조 엔으로 전체 종자시장의 반을 차지하지요. 지금까지의 동향을 보면 어느 날 갑자기 GMO의 위험성이 발견되는 바람에 재배지가 깨끗이 사라질 가능성은 생각하기 어렵습니다. 이대로 가면 이 분야에서 일본이 설 자리가 점점 좁아질 겁니다. 그렇기 때문에 가축 사료로 쓰이는 사료용 작물과 식용유 등에 사용되는 유지(油脂) 작물이 중심인 해외 GMO 시장과는 전혀 다른 지점을 노려야 합니다. 건강, 장수, 자원을 생각하는 고기능, 고생산성, 환경보전형 GMO, 독창적이고 부가가치가 높은 GMO를 개발하는 전략밖에 없겠지요. 관료들도 국가 차원에서 그런 논의를 해야 합니다. 그들도 제대로 설명해 주는 뒷받침을 받을 수만 있으면 변할 겁니다. 사상과 문화를 고려함으로써 국제적으로 신뢰받을 수 있는 GM 식품의 평가기준을 책정, 수출하고 엄격한 검사를 실시하는 식물의과학연구소 같은 기관을 만들어야 한다는 것이 제 생각입니다. 와쇼쿠(和食, 일본음식)가 유네스코 세계무형문화유산에 등재되었습니다. 일본의 식문화가 세계로부터 주목을 받고 있는 겁니다. 일본산 GM 식품도 그리 되지 말라는 법이 없지요.

GMO에 대한 불안감은 과학과 기술의 진보 순서가 역전되었기 때문에 나타난 것 아닌가 하는 생각을 해봅니다. 과거에는 '이렇게 했더니 잘되더라' 하는 경험칙으로서의 기술이 먼저 존재했고, 그 다음에 과학이 이론적 설명을 하는 순서였습니다. 지금도 그 순서가 그대로 유지된다면 사람들이 불안해할 이유가 없을 겁니다. 그런데 지금은 과학이 이론을 내세워 먼저 증명을 해놓으면, 거기서부터 기술이 나오는 시대입니다. 그 전형적 사례가 원자력 과학과 생명과학입니다. 그렇게 되고 보니 경험칙이 안 통하는 세상이 되었습니다. 결과적으로 인간의 감각이 안정감을 잃고 불안감 또는 불쾌감에 휩싸이게 되었다는 거지요.

일본에서는 오랫동안 '기근'을 '자연재해나 신의 노여움'으로, '풍작'을 '하늘의 보살핌이자 신의 뜻'으로 여겨왔습니다. 그래서 '자연 경작이 좋다, 자연 교배가 좋다, 유기농법이 최고다'라는 생각이 상식처럼 자리 잡았습니다. 하지만 실제로 기근은 대부분 냉해(저온)가 불러온 씰 도열병(稻熱病)이라는 균류병(菌類病) 때문에 발생합니다. 또 쌀을 재배할 때도 고시히카리(越光)[50] 같은 단일 품종 벼를 논 전체에 심고, 원예를 할 때도 양상추나 양배추 한 종류를 넓은 농지에 몇십 년 동안 계속 심기 때문에 논밭이 원래 자연의 모습과는 상당한 거리가 있습니다. 농업이 그런 방식으로 적지 않은 인구를 먹여 살리는데 생태계에 영향을 안 줄 리가 없지요. 그렇기 때문에 유기농법이 제일 좋다는 단락적인 발상은 잘못된 것입니다. 텃밭에서 유기농법으로 농사를 지으면 거기서 발생한 수백만의 균 포

50] 1956년에 당시의 농림1호와 2호를 교배해 만든 품종으로 쌀알이 맑고 투명해 일본에서 가장 인기 있는 쌀 품종이다.

자는 날아다니다가 농가의 작물생산에 해를 끼칩니다. 수확량을 늘리고 같은 땅에서 같은 작물을 연달아 재배하느라 메마른 토지에 양분을 보충하려고 비료를 뿌린다든지, 식물병을 예방하기 위해 농약을 치는 행위를 나쁘게 봐서는 안 됩니다. 그건 잘못된 믿음입니다. 오랜 역사 속에서 자리 잡은 사고방식이기 때문에 그리 쉽게 변하지는 않겠지만 말입니다. 기원전 6세기 사람이었던 이솝(Aesop, 620~560 B.C.)은 '채소나 잡초를 키우는 건 농부가 아닌 땅이다. 그러니 땅의 입장에서 보면 원래 그 땅에 있었던 잡초들이 친자식이고 사람이 억지로 심은 채소는 의붓자식이다'라고 말했다고 합니다. 그런데 19세기 초의 사상가 니노미야 긴지로(二宮金次郎)[51]는 '벼와 잡초는 함께 자란다. 그것이 하늘의 이치다. 하늘의 입장에서 보면 잡초를 뽑는 인간의 행위는 틀림없이 하늘의 이치에 반하는 것이다……. 그러나 잡초는 뽑아내야 한다'라고 말했다지요? 이솝과 니노미야 긴지로 중 누구의 말에 따라야 할까요? 유전자 변형에 대해서는 과학과 기술을 분리해서 생각할 수 있는 부분과, 그렇지 않은 부분이 있는 것 같습니다. 생명이 위태로운 병에 걸렸을 때, 유전자 치료 이외에 방법이 없거나 보다 확실하게 생명을 구할 수 있는 유전자 재조합 의약품이 있다고 한다면 유전자 조작기술인지 아

51] 정식 이름은 니노미야 다카노리(二宮尊德, 1787~1856). 농촌 부흥에 힘쓴 농정가, 사상가. 근검절약과 고학을 상징하는 인물로 예전에는 일본 전국의 소학교에 동상이 설치되었을 만큼 일본인의 정서에 영향을 미친 인물이다. 나무 등짐을 진 채 걸어가며 책을 읽는 모습으로 묘사되는 경우가 많다.

도쿄대 리더육성 수업·문제해결의 사고력

닌지를 문제 삼지 않지요. 그런데 매일 먹는 식품의 경우에는 다른 선택지가 있기 때문에 유전자 변형 식품은 위험하니까 먹기 싫다고 합니다. '이득'의 차이입니다. 생명을 구하기 위해서라면 최첨단 과학까지 동원해도 되지만, 일상생활 수준에서는 과학의 진보에 제어가 필요하다고 판단한다는 거지요. 사람들이 적극적으로 허용하는 경우와 거리를 두는 경우가 있는 겁니다.

어린 시절에 오감을 통해 체득한 경험은 어른이 된 뒤에도 지대한 영향을 미친다는 실험결과가 있습니다. '논리'와는 별개의 판단을 하는 겁니다. '바이오'라는 말에는 이미 '훌륭한 기술'이라는 이미지가 주입되어 있습니다. 이에 비해 '유전자 변형'과 '농약', '합성첨가물', '원자력'이라는 단어는 불안과 건강에 대한 악영향을 떠올리게 하는 난어가 되어 버렸습니다. 원자력 발전과 재생 가능 에너지, 농약과 유기농업처럼 선택지가 여럿 있는 경우에는 당장 목숨에 지장이 없는 한 시간을 두고 따져 보게 됩니다. 의료계는 의사들이 환자와 마주하면서 치료, 투약하는 시스템을 만들었고, '유전자 재조합 의약품'이 아니라 '바이오 의약품'이라 불렀습니다. 그와 대조적으로 식량생산에 관련된 사람들은 '바이오 작물' 대신에 '유전자 변형 작물, 식품'이라는 용어를 썼습니다. 제가 식물의과학연구소, 식물의사, 식물병원을 주장하는 이유는 세계를 선도하는 '유전자 변형 작물, 식품'을 개발해 소비자들에게 올바르게 이해받고, 수용되는 시스템을 구축해야 한다고 생각하기 때문입니다.

향후 연구의 전망을 들려주시겠습니까? 지금 요구되는 건 무엇입니까?

거대 판도라바이러스는 스스로 증식할 수 없기 때문에 기생할 세포가 필요한데, 지극히 많은 유전자를 가지고 있습니다. 그런데 그 유전자들에 관해서는 전혀 알려진 바가 없습니다. 그야말로 현대 생명과학은 판도라의 상자를 연 거지요. 그런 점에서 저는 생물과 무생물의 경계가 이미 사라졌다고 봅니다. 지금까지 생물계의 진화 계통수는 박테리아(일반세균), 고세균, 인간을 포함한 진핵생물 세 종류[52]로 생물을 분류했지만, 앞으로는 판도라바이러스와 같은 거대 바이러스가 더해질 겁니다. 원시 지구에는 RNA 월드(RNA world)[53]가 분명히 존재했고, 유전정보는 DNA가 아니라 RNA에 보존되었습니다. 현재까지의 연구결과를 보면 DNA 월드(DNA world)[54]로 넘어온 시기가 거대 바이러스의 조상과 관련이 있었을 가능성이 있습니다. 그 조상 바이러스에서 생물이 발생했을 가능성조차 있습니다. 생물을 둘러싼 세계관은 앞으로 크게 변화할 가능

52] 현재 생물 세포는 크게 원핵세포(原核細胞, 핵이 없는 세포)와 진핵세포(眞核細胞, 세포 내에 핵이 있는 세포)로 나누고, 원핵세포를 다시 박테리아와 고세균(古細菌)으로 나눈다. 따라서 생물의 세 가지 도메인은 박테리아, 고세균, 진핵생물(식물과 동물이 포함됨)이다.

53) 원시 지구에서 어떻게 생명체가 생겨나 지금까지 진화했는지를 설명하기 위해 도입된 가설. 40억 년 전 RNA만으로 이루어진 자기복제계가 탄생하여 현생 생물로 진화했다는 개념이다.

54] RNA를 유전정보로 사용하던 RNA 월드에 이어 DNA가 유전정보 수용체로 이용되는 시대.

성이 큽니다. 유전자 수를 가지고 비교하면, '보통 바이러스 < 파이토플라즈마 < 거대 바이러스 < 고세균 < 박테리아 < 진핵생물'의 순으로 거대 바이러스가 생물과 생물 사이에 들어가 있습니다. 제가 여기까지 생각하는 데에는 이유가 있습니다. 토양 속 미생물의 99%, 해양 미생물의 60%, 그리고 지구상 생물의 86%를 우리는 아직 모르고 있습니다. 앞으로 무엇이 출현하더라도 이상할 것이 없습니다. 생물과 무생물의 경계 따위를 설정하는 일 자체가 이미 의미를 잃은 겁니다. 최근의 면역학 연구를 보면, 사람이 태어난 직후에는 자기(Self)도 비자기(Nonself)도 아닌 상태이기 때문에 이물에 대해 관대해져 반응하지 않는다는 사실이 밝혀졌습니다. '면역 관용'이 일어나는 것이지요. 그러니까 **인간의 면역 세포는 후천적으로 자기와 비자기의 차이를 '학습'해 나중에 가서야 자기와 비지기를 구별하는 것입니다. 하지만 현실적으로는 어떻습니까? 생체는 자기를 공격하는 세포로 인해 자가 면역 질환을 일으키기도 합니다.** 또 특정 바이러스가 면역 관용기에 감염되면 공생상태를 이루어 비자기(바이러스)에 대해 관용을 확립하는 메커니즘 등도 있습니다. 이렇게 면역 하나만 따져도 자기와 비자기의 구별이 복잡합니다.[55] 식물도

55] 면역의 기본은 자기(Self)와 비자기(Nonself)를 구별하여 자기가 비자기를 배척하는 시스템이다. 그러나 때로는 자기가 자기를 공격할 때도 있고(자가 면역), 태아의 경우처럼 자기가 비자기를 공격하지 않을 때도 있다(비자기 관용). 면역 관용(Immune Tolerance)이란 특정 상황에서 면역계가 조직 파괴 반응을 일으키지 않는 현상으로 이물이 입을 통해 들어왔거나, 출산 전 및 직후에 들어왔거나, 양이 극소량일 때 일어난다.

그렇습니다. 병원체로부터 공격을 받은 식물세포는 병원체를 끌고 자살을 함으로써 식물체 전체가 말라 죽지 않도록 설계되어 있습니다.

　이 같은 자살 메커니즘은 놀랄 만큼 복잡하지만, 병원체 감염 후 순식간에 식물은 비자기를 인식해 자살을 선택하게 됩니다. 또 꽃이 피면 자기와 비자기를 인식해 자신의 꽃가루를 받아들이지 않고 그것이 묻으면 세포가 죽도록 설계되어 있습니다. 하지만 동종의 다른 개체의 꽃가루는 받아들이지요. 환경변동에 적응해 살아남을 수 있도록 식물이 스스로의 다양성을 만들어 종의 보존과 확대를 꾀하는 것입니다. 이런 메커니즘들은 아직 수수께끼로 남아 있습니다. 바이러스와 파이토플라즈마에 관해서도 수수께끼가 많지요. 바이러스는 무생물이고 파이토플라즈마는 생물이지만, 감염된 식물의 반응에는 공통점이 많아 공통의 시스템이 작동하는 것으로 보입니다. 바로 그 메커니즘을 해명하면, 전 세계에서 매년 10조 엔 이상의 피해를 일으킨다는 바이러스와 파이토플라즈마에 대한 특효약 개발이 가능해지겠지요. 생물과 무생물의 경계에서 찾은 연속성과 공통성의 접점에 과학적 의의가 있지 않겠습니까?

　더 이상 계통을 이원론으로 구분할 수 없다는 말씀이시군요. 그 점은 인간의 가치관에도 대전환을 가져다 줄 것 같습니다.

　그렇습니다. <u>사고방식이 '나누는' 쪽으로만 흘러서는 안 된다</u><u>는 거지요. 모든 것이 연속되어 있습니다. 그 연속성이 내 마음에</u>

맞지 않다고 해서 뭐든 분류하려는 사고는 틀렸다고 봅니다. 사람들은 GMO는 싫어하면서 인공적으로 만든 고시히카리를 먹고, 인공적으로 가공한 맥주를 마십니다. 하지만 과학이 이룩한 첨단의 지적 성과를 겸허하게 배우고, 지혜로운 판단력과 사고력을 키우며, 수용하는 용기도 필요하다고 봅니다. 단순하게 결론지을 수 없는 문제, 복잡하게 꼬인 사태를 받아들이는 감각은 일본인이 뛰어나지요. 서양에서는 분류해서 틀 안에 집어넣는 작업이 선행되기 때문에 그런 감각을 키우기 어렵습니다. 지금처럼 가치관이 전환되는 시대에는 일본식 감각이 크게 득이 되지 않을까요? 그런 의식이 잘 작동하면 사실을 있는 그대로 받아들일 수 있습니다. 이과계열과 문과계열, 자연과학과 사회과학, 수학과 국어, 그렇게 구분해서 틀을 만드는 순간, 인간의 능력은 벽에 부딪히게 됩니다. 생명과학도 마찬가지입니다. 어떤 틀 안에 갇혀 있으면 보이지 않는 것들이 너무 많아집니다. 경계는 가능한 한 허물어야 하는데, '어떻게'라는 부분은 역시 우리 손에 달렸습니다. 사실 파이토플라즈마도 이원론적 생명관으로는 분류하기 어려운 미생물입니다. 파이토플라즈마는 식물의 대동맥에 버티고 앉아 있다가 식물이 흡수해야 할 영양분을 빼앗는 대신 식물을 젊게 유지시켜 주는데, 한편으로는 곤충을 유인하기도 하지요. 식물을 죽이지도, 살리지도 않는 묘한 균형 위에서 자신의 생존과 확산을 꾀합니다. 또 키 작은 포인세티아나 초록색 수국은 파이토플라즈마에 감염된 덕에 귀한 대접을 받으니 참 신기한 병이지요. 야마나시(山梨)현의 고유 품종인 고슈(甲州) 포도는 전부 바이러스에 감염된 겁니다. 치료를 해서 바이러스를 없앴더니 고슈 포도 고유의 맛이 사라졌지요. 깜부기균에 감염된 줄풀은 고급 식당에서나 맛볼 수 있는 귀한 진미인데, 치료를 하면 가치가 없어집니다. 이런 예들이 일본인이 자연의 두 얼굴을 받아들인 전형적인 사례라는 사실을 인식해야 할 것입니다.

현대사회와 과학기술

난바 선생의 전공인 식물병리학, 그중에서도 파이토플라즈마 이야기는 자극적일 만큼 흥미롭다. 하지만 파이토플라즈마라는 단어는 일상생활에서는 쓰이지 않는다. 그에 관한 설명을 들어도 바로 이해할 수 있는 사람이 많지는 않을 것이다. 그에 반해 난바 선생이 들려준 또 하나의 주제인 식량위기 문제는 지겨울 만큼 자주 논의되는 분야다. 인구폭발(실제 전 세계 출생률의 변화를 보면 발생 가능성이 없어 보이지만)로 인한 식량부족, 일본의 식량 자급률 저하는 일상적으로 접하는 문제다. 그중 식량 자급률 문제는, 데이터가 칼로리 기준이라는 사실이 무엇을 의미하는지 알지 못하기 때문에 명쾌한

해결책을 내지 못하는 사례에 해당한다. (일본의 식량 자급률은 칼로리 기준으로 40%, 금액 기준으로 70%로 심각해 보이지만, 실제 1인당 식량 소비량은 하루 2천 칼로리를 밑돌기 때문에 수입까지 포함한 식량 공급량의 30%가 버려지는 것이 현실이다.) 진정으로 해법을 찾겠다는 생각으로 식량위기를 논의하는 거라면 난바 선생도 지적했다시피 식물병으로 인한 세계 식량공급 손실량이 35%나 된다는 사실에 눈길을 돌려야 한다. 식물병 치료를 통한 식량공급 개선 효과는 크다.

현대 식물학은 충분히 그 효과를 현실화할 수 있는 수준에 와 있다. 그런 사실에 대해 우리는 아직 무지하다. 게다가 무지하다는 사실조차 알지 못한다. 과학에 대한 무지, 즉 사이언스 리터러시의 문제다. 현재 인류를 둘러싼 다양한 과제는 과학과 떼어 놓고는 생각하기 어렵다. 우리는 '과학기술'이라는 말을 무의식적으로 쓰지만, 과학과 기술은 표리일체이면서도 동시에 기본적으로 서로 다른 측면이 있다. 세세한 정의를 차치하고라도 과학은 인지적이며 기술은 경험적이다. 씨를 뿌려 수확하는 농경방법은 시행착오를 거듭하며 발달했으며 농업 생산성의 향상도 끊임없는 기구 개량의 결과다. 즉 기술은 생활의 모든 측면에서 실용적 효과를 초래했다. 농업 생산성이 향상된 결과, 우리는 농업에 종사하지 않아도 되는 사람, 즉 지식인을 키워 냈고 그들의 일부는 과학이라는 세계에 발을 내디뎠다. 그것이 서양과학 발전의 역사다. 기술이라는 경험칙은 과학이라는 이름의 이론에 의해 종종 뒷받침되었다. 그런데 과학의 발전이 만들어 낸 것은 경험칙에 의거하지 않는 기술, 즉 과학적 이론에 바탕을 둔 기술이었다. 그 전형적 예가 '원자력 과학과 원폭, 원전', 그리고 '생명과학과 게놈 해독기술, 유전자 조작, GMO'다. 또 '정보 과학과 그에 기초한 정보기술'의 비정상적인 발전이 기타 과학을 뒷 받침한다는 의미에서 분야 간 융합도 나타나고 있다. 원자로 내에 서 일어나는 상황을 추측하는 모델, 시뮬레이션, 사람과 동식물의 게놈 해독, 그리고 방사선이 DNA에 주는 손상 해명 등도 그 일부 다. 상황이 이렇다 보니 아마추어인 우리들의 불안감, 또는 불쾌감 은 날로 증폭된다. 우리가 온전히 기댈 수 있는 경험칙은 이제 존재 하지 않는다. 무엇을 근거로 GMO의 옳고 그름을 판단하면 좋을지 알 수 없게 되었다. 한정된 과학 지식, 또는 그것조차 없이 내리는 정서적 판단이 반드시 타당하지만은 않은 시대가 온 것이다. 난바 선생도 지적했지만, 인공적인 GMO와 농약을 이용한 재배보다 유기 농업이 자연스럽다는 판단이 항상 옳은 것은 아니다. 농지조차 이 미 인공적으로 조성된 것이며, 진정한 의미에서의 자연은 아니기 때 문이다.

제레드 다이아몬드(Jared Diamond)[56]는 저서 『문명의 붕괴 (Collapse)』에서 인류가 삼림을 벌채해 농지로 바꾼 행위가 역사적 문명이 붕괴된 하나의 요인이라고 지적했다. 그러한 행위는 삼림이

---

56) 1937~현재. 미국의 생리학자, 진화생물학자, 생물지리학자이자 논픽션 작가. 현재 캘리포니 아 대학교 로스앤젤레스(UCLA) 의과대학의 생리학과 지리학 교수로 재직 중. 저서 『총, 균, 쇠(Guns, Germs, and Steel)』는 세계적인 베스트셀러로 1998년 퓰리처상, 코스모스 국제 상을 수상한 바 있다.

사라지고 생산력을 잃은 농지를 목축에밖에 이용하지 못하는 황폐화의 과정이었던 것이다. 유럽의 목초지를 바라보며 아름답다고 느끼는 것은 자유지만, 그것은 자연 경치가 아니다. 그런 예에서 보듯 현대사회의 다양한 현상에 대해 우리가 타당한 판단을 내리려면 과거 학교교육에서 익힌 일반교육만으로는 불충분하다. 특히 크게 부족한 부분이 사이언스 리터러시다. 하지만 현실적으로 우리는 자신이 원자력 과학, 생명과학, 정보과학이 다루는 세계와 멀리 떨어져 있다고 느낀다. 기본적 사실도 상당한 노력을 경주해야 이해할 수 있다. 이것은 분명 우리 시대의 과제다. 그런 과제에 답할 수 있는 교육 체계를 신속히 확립해야 한다. 도쿄대학 EMP 강의는 사이언스 리터러시에 관련된 내용이 높은 비율을 차지한다. 결코 쉽지 않으나 '알 듯 모를 듯한' 기묘한 익숙함은 얻을 수 있을 것이다. 지금까지처럼 '나는 문과계열이니까……'라고 문제를 피하지 않게 되기만 해도 우리는 사이언스 리터러시 향상의 첫걸음을 내디딘 것이다.

요코야마 요시노리

현상 전체의
메커니즘을
파악하는 분석력

도쿄대학 첨단과학기술연구센터 준교수

이케우치 사토시

池 內 惠

이슬람 정치사상

Ikeuchi Satoshi

이케우치 사토시

도쿄대학 첨단과학기술연구센터 준교수 / 1973년 출생. 도쿄대학 문학부 졸업. 동 대학원 종합문화연구과 박사과정 수료 후 자퇴. 일본무역진흥회 아시아경제연구소 연구원, 국제일본문화연구센터 준교수, 이집트 알렉산드리아 대학교(Alexandiria University) 객원교수 등을 거쳐 현재에 이름. 우드로 윌슨(Woodrow Wilson) 국제학술센터 객원연구원, 케임브리지 대학교(University of Cambridge) 객원 특별연구원을 역임. / 전공은 이슬람 정치사상. 현대 국제사회에서 이슬람교가 정치적 집합행동을 드러내는 과정을 이론적, 역사적으로 연구한다. 이슬람학의 체계를 포괄적으로 텍스트 분석함과 동시에 영상 미디어 및 전자 미디어를 이용한 무슬림 공공권(公共圈)의 형성을 사상사, 정치학, 사회이론의 제 접근을 병용해 분석한다. / 저서로『현대 아랍의 사회사상 – 종말론과 이슬람주의』,『책의 운명』,『이슬람 세계를 논하는 법』,『중동 위기의 진원을 읽다』,『그들은 왜 오렌지색 옷을 입힐까』등이 있다. / 2002년 제2회 오사라기 지로(大佛次郎) 논단상, 2006년 제5회 마이니치(每日) 서평상, 2009년 제31회 산토리(SUNTORY) 학예상을 수상한 바 있다.

현대 국제사회의 이슬람권 정치사상을 연구하는 재주꾼이자,
사상사, 정치학, 사회이론식 접근법을 활용한 분석으로 호평 받는
저서들을 통해 각종 상을 휩쓸고 있는 이케우치 사토시.
기존의 틀에 얽매이지 않는 그의 유연한 사고의 원점에는 무엇이 있을까?

요코야마 우선 선생님께서 이슬람 세계에 흥미를 느끼게 된 계기부터 여쭙
겠습니다.

이케우치 세계 어디를 가나 만나는 사람들이 다 그렇게 묻더군요. 일본
에서는 '달리 쓸 데도 없는' 분야를 왜 선택했냐고, 외국에서는 이
슬람교도도 없고 중동에서 멀리 떨어진 동아시아인이 왜 이슬람교
와 중동에 흥미를 느꼈냐고 말입니다. 답을 하자면 길어지는데 직접

적인 계기라 하면, 제가 젊었을 때 걸프전[57]이 터졌는데 전문가라는 사람들이 하는 설명에 전혀 납득이 안 갔다는 게 첫 번째 이유입니다. 도쿄대학에서는 대학교 3학년에 진학할 때 학부와 학과를 선택하는데 그때 '나라면 중동과 이슬람 세계를 더 잘 설명할 수 있겠다'라는 치기 어린 착각을 한 덕분에 당시 대단히 비주류였던 이슬람학을 선택하게 됐습니다.

　하지만 무조건 당돌한 선택이었다고만은 할 수 없습니다. 전제가 있었거든요. 언젠가는 세상에 나의 글을 발표하는 일이 생업이 되지 않겠느냐 하는 예감이랄지, 막연한 확신 같은 게 대학 입학 전부터 있었어요. 그래서 그러려면 어떤 테마를 선택해야 할까 하는 때 이른 직업 선택, 구직 활동 같은 고민으로 1, 2학년 교양과정 때 각 분야를 물색했습니다. '오랜 기간 가까이 해도 질리지 않는 분야'가 무엇일지 찾아내는 게 당시의 과제였어요. '앞으로는 중국을 주목해야 할까? 중국보다야 역시 서양이 낫겠지?', 또는 '더 기술적인 분야가 내게 맞는 건가?' 등 상당히 깊이 파고들었습니다. 그 결과 앞으로는 이슬람 세계가 분명히 주목받을 것이다, 거기에 광맥이 있을 것 같다는 직감이 들었어요. 그래서 일단 언어와 종교부터 공부하자는 생각으로 이슬람학을 선택했던 기억이 납니다. 대단히 조목조목 따져 봤고, 전략적인 선택이었습니다. '이슬람 각국을 가보

---

57) 1990년 8월에 이라크가 쿠웨이트를 침공함에 따라 유엔의 다국적군이 1991년 1월 이라크에 공습을 퍼부으면서 시작된 전쟁이다. 미군을 주력부대로 하는 다국적군이 압도적 우세를 보이다가 같은 해 2월 말에 정전이 이루어졌다.

　　　　　　　　　도쿄대 리더육성 수업 · 문제해결의 사고력

고 문화나 음식이 마음에 들었다거나 그 지역 사람을 좋아하게 되었다거나 하는 낭만적인 계기는 없습니다'라고 설명하면 특히 외국 분들은 금방 이해해 주더군요.

진로 모색을 하면서 이슬람 세계로 관심의 범위를 좁혀 가는 과정에서 저는 이슬람보다는 오히려 이슬람 세계의 밖에서 많은 영향을 받았습니다. 대학에 들어간 1990년대 전반에는 미국의 사상이 역동적인 움직임을 보이고 있었습니다. 동서 냉전 구조가 붕괴되고 새로운 국제질서가 형성되는 가운데, 국제사회와 국제정치의 향후 전개를 사상적, 철학적으로 이론화하려는 사람들이 나타났지요. 대표적 인물이 『역사의 종말(End of History and The Last Man)』을 쓴 프랜시스 후쿠야마(Francis Fukuyama)[58]와 『문명의 충돌(The Clash of civilizations and the remaking of world order)』을 쓴 새뮤얼 헌팅턴(Samuel Huntington)[59]이었습니다. 세계적 베스트셀러가 된 이 책들은 우선 영어권 전문지에 논고로 발표되어 전 세계로부터 자극적 논의를 이끌어 냈습니다. 그 뒤 다양한 반응을 담아 두꺼운 책으로 만들어지는 과정을 거쳤지요. 프랜시스 후쿠야마의 역사 종말론은 1989년에 미국의 보수 성향 국제문제 전문지 《내셔널 인터레스트(The National Interest)》에 발표되었다가 1992년에 단행

---

58) 1952~현재. 미국의 철학자, 정치경제학자. 이데올로기 대결의 역사는 자유주의의 승리로 끝났다고 주장한 저서 『역사의 종말』로 유명하다.

59) 1927~2008. 미국의 국제정치학자. 저서로 『제3의 물결 - 20세기 후반의 민주화(The Third Wave)』, 『문명의 충돌』 등이 있다.

본으로 나왔고, 새뮤얼 헌팅턴의 문명 충돌론은 1993년에 미국의 국제관계 평론잡지 《포린 어페어즈(Foreign Affairs)》에 게재되었다가 1996년에 출간되었습니다. 저는 1992년에 대학에 들어갔는데, 일생을 걸고 공부할 수 있는 테마를 찾던 고등학교, 대학교 시절의 저에게 현실 세계를 상대로 장대한 가설을 제창하는 사상가들이 동시대에 숨 쉬고 있다는 사실은 대단히 큰 자극이 되었습니다. 대학 교양과정에서는 『역사의 종말』 단행본을 읽는 세미나에도 다녔고, 사상사 교수님과 대학원생으로 구성된 연구회에 몰래 들어가 '헌팅턴이 이런 논문을 냈어. 이건 논쟁이 될 거야'라는 말과 함께 나누어 준 자료를 받아와 가슴을 조이며 읽었던 기억이 있습니다. 1990년대 전반에 있었던 이들 논의는 대학 차원의 연구에서 접할 수 있는 정밀하지만 전체 상황이 쉽게 눈에 들어오지 않는 사상 연구와는 양상 자체가 달랐습니다. '냉전 구조가 붕괴해 세계가 변할 것이다, 또는 이미 변했다, 이 상황을 어떻게 파악할 것인가, 미래를 어떻게 전망할 것인가?'라는 실제적인 과제를 설정해 놓고 이에 매달리고 있었지요. 그것은 국제사회를 이념으로 파악하려는 욕구, 또는 애당초 세계사의 진전을 이념 발전의 과정으로 파악하는 사고방식에서 비롯된 것입니다.

사상 또는 사상 연구는 자칫 잘못하면 현실에서 괴리된 것으로 보일 수 있는데, 실제로는 지극히 현실적이고, 그리고 국제사회의 앞날을 전망하며 살아가는 데 효과적인 학문입니다. **세계를 인식하는 기존의 틀이 흔들릴 때 사상은 활성화됩니다.** 1990년대 전반이 바로 그런 시대였는데, 향후 국제질서에 어떻게 이념적으로 의미를 부여할 것인지, 이념적 문제들이 어떻게 현실화할 가능성이 있는지에 관한 논쟁이 반복되었습니다. 그 논쟁들은 단순히 철학적 지식을 과시하거나 세세한 해석상의 정확성을 겨루는 작업이 아니었습니다. 세계 전체의 흐름이 앞으로 어떤 방향으로 갈 것인지를 생각하고 그것을 이론화하려 한 것입니다. 이론화된다는 것, 그리고 논쟁의 결과로 특정 이론화 방법이 지배적이 된다는 것은 그로 인해 세계 사람들이 규정된다는 의미입니다. 사상과 이론은 사람들의 움직임을 세세한 수준에서가 아니라 대단히 큰 틀에서 결정짓지요. 물론 세계가 어떤 방향으로 갈 것인가 하는 문제에 정답은 없고, 사상가들이 저서에서 주장한 것처럼 모든 것이 발전하는 것은 아닙니다. 하지만 세계에 관한 유력한 답, 즉 좋은 이론과 사상이 등장하면 많은 사람들이 그것을 토대로 행동하기 때문에 그런 방향이 현실이 될 수 있습니다. 한편으로 그에 저항이라도 하듯이 행동하는 사람들, 또는 문화권이 다양한 주체로서 나타나기도 하고 말이지요.

냉전 후 국제질서를 둘러싼 대규모 사상, 이론 논쟁을 보면 수수께끼라고 해야 할지 규명되지 않은 과제, 또는 미지의 가능성으로서 이슬람 세계가 언급되었습니다. 프랜시스 후쿠야마의 말처럼 세계적으로 자유민주주의 이념이 유일한 선택지가 되어 모든 문화권이 그 안에 수렴된 것처럼 보이지만, 이슬람권은 그에 저항하며 독자적인 정치, 사회, 경제를 조직하고 국제사회에 예상외의 전개를 초래하는 소수의 이념적 주체이기 때문이 아니겠느냐 하는 생각이 들었습니다. 이슬람교의 이념이 가장 훌륭해서 제가 선택한 게 아니라는 말입니다. 만약 전 세계가 자유민주주의로 수렴 중인 세계 속에서 이슬람교의 이념이 독자성을 지킬 수만 있다면 그건 대단히 흥미로운 일입니다. 만약 그렇지 않고 이슬람 세계도 ―우여곡절을 거치더라도― 자유민주주의에 합류한다면, 그 과정을 연구함으로써 거대한 세계적 변화를 목격할 수 있게 될 것입니다. 어느 방향으로 나간다 해도 이슬람 세계를 살피는 작업에는 무한한 가능성이 있습니다.

유럽이나 미국에 비해 이슬람 세계는 일상생활에서 멀게 느껴집니다. 확실히 일반인들은 아랍 국가에 대해 추상적인 이미지를 가지고 있지 않습니까?

저는 가정환경이 조금 독특해서 복잡한 경위로 이슬람 연구에 몸담았습니다. 우선 저희 집에는 TV가 없었어요. 요즘이야 TV나 신문을 보지 않더라도 자신이 원하는 정보만 인터넷에서 구해보는 생활이 가능하지만 당시에 TV는 '국민 공통의 화제'를 설정해주는 기능을 했지 않습니까? 그런데 저희 집은 아버지가 글을 쓰는 분이셔서 TV를 매개로 한 정보를 거부하셨어요. 그 대신 집에는 방대한 서적이 넘쳤고 게다가 신간과 잡지는 끝없이 배달돼 왔어요. 아버지 일 때문에 들어온 책들은 유럽 관련 것들이 많았습니다. 그 속에서 생활하다 보니까 유럽보다 더 먼 곳을 보고 싶다는 욕구가 조금씩 생기더군요. 그것이 이슬람 세계였던 거지요. 아버지는 오스트리아와 관련된 주제를 주로 다루셨는데, 유럽 전체로 보면 빈(Vienna)의 성벽까지 오스만(Osman) 제국이 밀고 가다가 멈췄기 때문에 오스트리아와의 경계를 기점으로 한쪽에는 오리엔트 문명권이 형성되었습니다. 저는 유럽에 관해 특별히 공부한 적은 없지만 생활환경 속에서 익숙해진 탓인지 오히려 흥미가 떨어진 것 같아요. 그런데 '유럽인들은 아무래도 건너편 이슬람 세계를 의식하겠구나'라는 생각이 자연스레 들었고, 그래서 그 세계를 보고 싶어졌던 거지요.

대학에 들어가기 전에는 아랍 국가나 중동, 이슬람 국가에 가본 적이 없었습니다. 대학생이 되고 나서야 터키, 이집트, 모로코 등지에 가봤어요. 석사과정 때는 더 자주 가게 되었고, 박사과정 때는 도쿄대학 수업은 거의 듣지 않고 현지를 오가는 일이 많았습니다. 가장 입국이 쉽고, 장기 체류하기 쉬운 곳은 이집트였습니다. 일본 대학에는 현대 아랍어 문헌이 거의 들어와 있지 않았기 때문에 직접 모아야 했습니다. 가끔 여행을 가서 조금씩 부치는 방법은 너무 답답하고, 속도도 안 나기 때문에 카이로에 아파트를 장기로 빌려 놓고 대량으로 책을 사들여서 정기적으로 이사 화물처럼 일본으로 보냈지요. 그렇게라도 하지 않으면 자료가 안 모여요. 일단은 서점 책장에 있는 책 중에 연구 주제와 관계있을 법한 것들을 전부 사요. 그런 다음 카이로 아파트를 전진기지 삼아 쓸 만한 것들을 추려 내고, 이사 화물로 컨테이너에 실어 보내는 생활을 했지요. 그래도 그쪽은 개도국이니까 돈이 그렇게 많이 들지는 않았습니다. 아파트를 장기 임

대했지만, 갈 때마다 호텔에 머물거나 단기로 빌리는 것보다 훨씬 싸고 편하기도 했고요. 관광객들이 안 가는 서민들의 생활공간도 느낄 수 있었습니다.

아랍어는 언제 시작하셨습니까?

언어는 대학 1, 2학년 때 시작했는데 지금까지 열심히, 쉬지 않고 읽고 있습니다. 아랍어는 사전을 찾을 수 있게 되기까지 2년 정도가 걸립니다. 처음에는 죽을 지경이었지요. 제대로 된 아랍어-일본어 사전이 없었거든요. 그래서 아랍어-영어 사전을 활용해야 했는데, 또 그러려면 영어 실력도 필요하지 않습니까? 그리고 이건 설명하기 좀 어려운데 아랍어는 동사만 활용되는 것이 아니라 명사도 복수형이 되면 상당히 변화가 크거든요. 그러니까 모르는 단어가 나왔을 때 그 단어가 명사라 해도 사전에서 당장 찾을 수가 없는 거예요. 명사를 보면, 우선 문법으로 판단을 해서 '이 말은 이러이러한 자음 세 개로 이루어진 게 아닐까?'라고 추측할 수 있게 되어야 비로소 사전을 찾을 수 있어요. 사전에서 찾을 때도 간단치가 않은데, 단어의 첫머리부터 찾는 게 아니라 단어를 구성하는 자음 세 개를 문법으로 추측해야 돼요. 그러니까 문법이 전부 머리에 들어올 때까지 사전을 못 찾는 거지요. 그런데 보통은 문법을 소화하려면 단어를 외워야 하지 않습니까? 예문을 많이 알아야 되니까요. 그런데 단어를 몰라서 예문을 이해할 수 없고, 예문을 이해하자니

도쿄대 리더육성 수업 · 문제해결의 사고력

모르는 단어를 사전에서 찾아야 해요. 그런데 문법을 모르니까 찾을 수가 없지요. 다람쥐 쳇바퀴 돌 듯 문제가 반복되는 겁니다. 처음 몇 년 동안은 정말 고통스러웠어요.

그럼 아랍어를 배우는 사람들은 중간에 낙오하는 경우가 많겠군요?

낙오자 수가 엄청나지요. 도쿄대학 아랍어 초급 수업의 경우 처음에는 50명 정도 오는 것 같아요. 그러다가 매주 떨어져 나가서 마지막에는 두 명쯤 남습니다. 제가 배울 때는 교재가 정말 없었기 때문에 레바논에서 옛날 옛적에 출판된 교재를 도쿄대학과 도쿄외국어대학이 썼어요. 당시 도쿄외국어대학의 교수님이 비상근으로 와 계셨어요. 교재에 너무 고색창연한 내용의 예문이 나오는 데다 제시된 문제에 대한 해답도 없다 보니 제가 제대로 읽고 있는지 어떤지도 알 길이 없었어요. 교수님도 워낙 대범한 교수법으로 가르치시는지라 뭘 별로 가르쳐 주지 않으셨어요. 그래서 어떻게 했느냐하면, 소설의 원문과 영어 번역본을 대조해서 읽는 양을 늘리는 방법을 택했습니다. 아랍 문학이라 하면 일본 사람들은 굉장히 낯설게 여겼지만, 영어 번역본은 꽤 많았거든요. 그래서 영역본과 아랍어 원문을 대조하면서 '아, 그렇구나. 이런 의미구나', '뜻이 이렇다는 건 문법적으로 이런 원칙이 적용되나 보다'라고 거꾸로 유추하면서 읽었지요. 그렇게 하면 사전을 안 찾아도 되더라고요. 원래 아랍어 문법학이란 건 어렸을 때 코란을 암기해서 의미를 알건 모르건 예문이 머릿속에 주입되어 있는 사람들을 대상으로 만든 것이기 때문에 아랍어권에서 자라지 않은 사람들은 문법부터 배워서 어휘를 늘리는 서양 언어 학습법으로 접근해서는 안 될 것 같아요. 그래도 최근에는 인터넷으로 전 세계 TV를 볼 수가 있고 정치, 사회 관련 논설과 신문기사가 실시간으로 영역되고 있기 때문에 초보자들이 훨씬 배우기 쉬워진 것 같습니다. 제가 했던 방식을 요즘 기술이나 정보공간에서 응용한다면 앞으로 배우는 사람들은 아주 빨리 고도의 아랍어를 이해할 수 있을 거라고 생각해요. 노력은 필요하겠지만요. 당시에는 아랍어 공부의 필요성 때문에 그나마 제대로 된 영역본이 있는 소설을 읽었는데, 덕분에 아랍 문화나 사회 양상까지 파악할 수 있게 되었습니다. 사상사와 정치학으로 넘어갈 때 어학과 문학으로 기초를 다져 두길 잘했다는 생각을 했지요.

그러니까 이케우치 선생님의 관심은 아랍어 자체가 아니라 이슬람의 정치, 사상에 있었던 거군요. 현대 정치, 사상입니까? 아니면 고대 정치, 사상입니까?

최종적으로는 현대물을 읽으려 하지만 그 전에 먼저 옛것을 읽어야 합니다. 이슬람 세계는 7세기에 역사적으로 새로 성립된 문명권이기 때문에 서양세계의 고대에 상당하는 시대가 없습니다. 오래된 시대라 해도 중세이지요. 그때 작성된 원초 텍스트를 알 필요가 있습니다. 현대에서도 종교적 정치사상을 논의할 때는 원전으로 돌아가니까요. 이슬람 사상은 새로운 것, 독창성 같은 것들은 중요하게 여기지 않습니다. 근대사회를 살아가는 우리는 개인의 창조성이 사회를 발전시킨다는 전제를 따로 의식하지 않아도 몸으로 알고 있습니다. 그렇기 때문에 저작권 등도 성립되는 것이지요. 대학에서 리포트를 쓸 때도 남의 것을 베끼면 안 되지 않습니까? 이슬람 세계에서도 매일 새로운 일들이 창조되고 있고, 실제로 독창성이 사회적으로 중요하다고 봅니다. 하지만 종교적 사상가는 독창성을 주장하는 형태로 문장을 쓰지 않습니다. 왜냐하면 '올바른 것은 이미 모두 계시로 드러나 있다'는 대전제를 깔고 있기 때문입니다. 또 선인들이 합의하에 내린 유력한 해석들이 쌓여 있지요. **'어떠한 문제에 관해서는 계시 자체로 이미 드러난 진리와 이슬람 세계의 지(知)의 공동체가 합의해 온 진리를 참조로 인용하는 편이 좋다. 그것들로도 너무 부족할 때에만 무언가를 추가한다'는 사고방식입니다.** 이슬람 세계 사상가들도 지속적으로 활발한 사상적 활동을 하지만, 완전히 독창적인 접근을 한다기보다는 이미 밝혀진 진실을 확인하고 지키고 전달하는 데 주력합니다. 그렇게 함으로써 인간의 이해 부족에 의해 지금까지 충분히 전달되지 않은 부분이 있다면 그것을 추가하기 위해서 활동한다고 볼 수 있어요. 그렇기 때문에 '훌륭한 논의란 무엇인가?'를 가늠하는 척도도 얼마나 새로운 것을 논의하는지의 여부가 아니라 새로운 상황에 대해 오래되고 적절한 출처와 근거를 가지고 설명할 수 있는지의 여부입니다.

무함마드(Muhammad)[60]는 상인들을 따라 대상(隊商)무역을 다니기도 했다고 하지요. 기독교나 히브리 문화를 접한 적이 있을까요? 그런 문화를 접한 후에 유일신의 계시를 받았을까요?

무함마드가 기독교나 히브리 문화 등을 제대로 공부한 적은 없는 것 같지만 어렴풋이 알고 있었던 것은 분명합니다. 코란에는 마리아의 이름도 나오거든요. 그 무렵 아라비아반도는 제국의 중심이 아니라 주변부였기 때문에 그런 지식들이 체계적으로 미치지 않은 것은 당연합니다. 글을 읽고 쓸 줄 모르는 사람들이 많았고, 무함마드도 그랬다고 알려집니다. 그래서 전달하고자 하는 내용을 직접 구두로 전했습니다. 그래서 시(詩)의 힘이 아주 컸지요. 시를 외우고, 듣고, 기억함으로써 내용을 퍼뜨려, 사람들의 마음을 움직이고 동원했습니다. 코란(Koran)도 그런 전통의 흐름 속에 존재합니다. 시에는 사람들의 감정을 자극하는 시, 부족의 내력을 알려 주는 시 등 여러 종류가 있습니다. 사람들은 그것들을 구전함으로써 정신적 지주로 삼고, 공동체를 묶는 유대의 축으로 삼고, 경우에 따라서는 뉴스 같은 정보를 전하는 수단으로 이용했습니다. 그런 많은 시 중에서 코란은 신령스럽게 여겨졌습니다. 신에게 직접 받은 계시의 말

---

60) 570~632. 이슬람교의 창시자. 사우디아라비아의 메카(Mecca)에서 태어나 알라(Allah) 신의 계시를 받아 전도를 시작했고 이슬람교단 발전의 기초를 확립했다. 종교 박해를 피해 622년 메디나(Medina)로 이주(헤지라, Hegira)해 교단국가의 지배자가 된 후, 630년 메카를 정복했고 아라비아반도 전역으로 세력을 확장했다.

도쿄대 리더육성 수업 · 문제해결의 사고력

이었으니까요. 코란은 아랍인들에게 다른 어떤 시보다 영감을 주었지요. 무함마드는 신으로부터 아주 여러 번에 나누어 계시를 받았다고 알려집니다. 그 단편적인 장(章)과 구(句)를 모아서 다시 분류하면 대략 초기, 중기, 후기 정도로 나눌 수 있습니다. 초기 단계는 종말론적 내용이 중심이었습니다. 그 속의 내세관은 공포심을 주면서도 사람들의 마음을 강력히 사로잡았지요.

이슬람교도들이 종말론을 진지하게 믿는다는 사실이 일본인에게는 쉽게 와 닿지 않는 것 같습니다. 기독교도에 대해서도 마찬가지인데요. 그 종교들이 일본 정서와 크게 동떨어져 있기 때문이 아닐까 합니다. 그렇다고 딱히 다른 생각이 있는 것도 아닙니다. 일본인이 '저는 무교예요'라고 했을 때 상대방이 '신이 없었다면 어떻게 이세계가 생겼겠습니까?'라고 물으면 질문에 대답을 잘 못하는 것만봐도 알 수 있지요.

일신교(一神敎), 즉 유일신 신앙은 우주와 인간을 만든 창조자가 신이라고 생각합니다. 그런데 일본 종교는 그런 부분을 따지지 않아요. 오히려 묻지 않는 것이 종교라고 생각한다는 느낌마저 들지요. 일신교를 믿는 사람들에게 그런 부분을 설명하는 것은 그야말로 근본적으로 무리입니다. 어떻게 해도 막히게 되어 있어요. 일신교에 맞춰 설명하는 방법도 있지요. 일본의 신, 부처에 관한 신앙에 대해서 '궁극적 존재가 드러나는 다양한 방식'이라고 설명하는 방법

등이지요. 하지만 그렇게 말하면 '그럼 일본인들이 믿는 종교는 결국 일신교 아니냐? 일신교라는 점을 아직 모르고 있는 것 아니냐?'라는 식으로 받아들일 겁니다. **유대교나 이슬람교는 기독교보다 단순해서 신이 세계와 인간을 만들었고 언젠가는 신이 끝낸다는 대단히 심플한 이론을 확립했거든요.** 그게 신도들에게는 이른바 '물리법칙'처럼 받아들여집니다. 물리법칙이란 것은 제대로 된 지성만 가지고 있다면 누구나 이해할 수 있다고 생각하니까, 다른 설명 방식에 대해서는 그 필요성 자체를 인정하지 않는 겁니다. 세계의 시작과 끝, 인간의 기원과 종말이라는 문제에 대해 그들은 이론적인 신념을 가지고 있다는 겁니다.

그렇다면 이슬람교와 과학의 관계는 어떻습니까? 현대는 어떤 의미에서 과학의 시대인데, 과학은 기독교와도 궁합이 안 좋지 않습니까? 기독교도 신의 섭리 아래 창세기와 종말이 있다고 보기 때문에 진보와 진화라는 개념이 없습니다. 유럽은 14~16세기 르네상스 시대에 그리스 문화, 특히 아리스토텔레스(Aristoteles, B.C. 384~B.C. 322)를 알게 되었는데, 그는 이 세계에 시작도 끝도 없다고 말했습니다. 그래서 양자 간 타협을 보려고 지식인들이 여러 주장을 펼쳤던 것이 과학의 발전으로 이어졌습니다. 시간이 흘러 19세기가 되어서야 다윈(Charles Darwin, 1809~1882)으로 대표되는 진화의 개념이 나타났지요. 그래도 오늘날까지 기독교는 오랜 기간 과학과 잘 지내 왔습니다. 이슬람 세계에서는 이런 타협점을 찾는

데 있어서 어떤 양상을 보이는지요? 학교에서 진화론 등을 가르칩니까?

이슬람 세계에 진화론이 들어온 것은 비교적 최근의 일입니다. 그다지 반발이 세지는 않았어요. 서구 국가들로부터 근대과학의 성과인 군사력과 경제력, 그리고 매력적인 문화와 함께 진화론이 들어왔기 때문입니다. 그런 것들을 받아들여야 서구에 대항할 수 있다는 생각을 했던 것이지요. 즉 과학의 힘에 지배당하는 데 대한 위기감이 컸던 거라고 봅니다. 그런 정치적 관심 때문에 과학에 대해서는 가급적 반대하지 않고 받아들이려는 논의를 근대 이슬람교 학자들은 해왔습니다. 이슬람교 종교계가 진화론에 반대해 과학의 수용을 방해할 정치적 기회는 거의 없었습니다. 오히려 정치 지배자에게 협조해 적극적으로 근대과학을 받아들이도록 국민을 교도하는 역할을 한 종교 지도자가 많이 나타났어요. 원리적으로 파고들면 이슬람교와 진화론 사이에는 모순되는 면이 있을지 모르지만 결과적으로는 거의 문제시되지 않았다는 거지요.

이질적인 것을 받아들이는 데 대해서는 기독교 쪽이 완강한지도 모르겠습니다. 특히 가톨릭교회는 강한 거부반응을 보입니다. 게다가 현재 미국은 프로테스탄트가 중심인데도 불구하고 여전히 '지구는 둥글다'는 사실을 가르치지 않거나, 진화론을 가르치지 않는 학교가 있다고 합니다. 리처드 도킨스(Richard Dawkins)[61]가 쓴 『만들어진 신 - 신은 과연 인간을 창조했는가?(The God Delusion)』가 미국에서 커다란 논의를 불러일으킨 바 있는데, 이슬람 세계에서는 그런 '인정하느냐 마느냐'의 논의가 일어난 적이 없습니까?

별로 없습니다. 그 이유 중 하나는 종교가 너무나도 강하기 때문입니다. 신이 모든 것을 창조했다는 관념이 단단하기 때문에 **진화론에 대해 인간이 열심히 알아냈다면 '신이 원래 그렇게 되도록 만든 것이다'라고 쉽게 설명해 버리지요. 이슬람교도들에게 코란은 모든 문제에 대한 '해답집'입니다.** 그래서 인간이 진화에 관해 어떠한 발견을 했다고 할 때, '그렇다면 코란에 나와 있을 것이다'라고 생각하는 것입니다. 그에 비해 가톨릭은 신학 차원에서 대단히 견고하지요. 종교와 정치를 분리했다고 해도 신학을 담당하는 종교인은 자신의 입장을 결코 양보하지 않습니다. 한편 이슬람에서는 종교와 정치가 아주 가까운 관계라 종교인이 지극히 일상적 업무로 정치적 판단을 내립니다. 그럼 이슬람교의 종교인에게는 원칙이 없는가 하면, 있습니다. 우선 신의 절대성에 관한 신념이 아주 굳건해서 신이 계시를 통해 진리, 즉 코란을 인간에게 주었다는 데 대해 전혀 의심하지

---

61) 1941~현재. 영국의 진화생물학자이자 대중과학 저술가. 저서로 『만들어진 신』, 『이기적 유전자(The selfish gene)』, 『눈먼 시계공(The Blind Watchmaker)』 등이 있다. 그는 『만들어진 신』에서 신이 없음을 주장했다. 오히려 신을 믿음으로써 벌어진 참혹한 전쟁과 기아와 빈곤 문제들을 지적하고 과학과 종교, 철학과 역사를 넘나들며 창조론의 이론적 모순과 잘못된 믿음이 가져온 결과를 역사적으로 고찰했다.

도쿄대 리더육성 수업 · 문제해결의 사고력

않아야 합니다. 그래서 코란의 어딘가에 적혀 있는 논법을 이용하는 한, 종교인이 정치적 판단을 했다 하더라도 종교 자체는 흔들리지 않는 것입니다. 진화론에 대해서도 마찬가집니다. 신이 이미 자신들에게 가르쳐 주었으니 딱히 새롭지 않다고 해석하는 거지요. 하지만 그렇게 생각하면 비판정신이 자라지 않는다는 비판도 있을 법하지 않습니까? 그런데 '전쟁에 지지 않으려고 할 수 없이 서양의 근대문물을 받아들인 뒤, 코란의 이 장에 쓰여 있으니 문제없다고 반복하기만 해서는 창조성이 자라지 않는다'라는 비판이 밖으로부터 제기되기는 하지만 안에서는 그다지 표면화되지 않습니다. 어쨌든 지금은 근대과학을 받아들일 수밖에 없다는 발상과 신에 대한 신앙이 양립하고 있습니다. 신은 근대과학의 모든 것을 계시했기 때문에 한층 옳다는 논리지요. 그렇게 이슬람교와 과학은 어떤 갈등도 없이 양립 중이고 서로 그 올바름을 뒷받침하는 관계를 이루고 있습니다.

유럽에서 나타난 르네상스는 그리스의 고전주의가 직접 유입된 것이 아닙니다. 그리스의 문화유산은 아랍 세계를 한번 경유했지요. 그리스어가 아랍어와 라틴어로 번역된 다음 유럽으로 전해졌으니까요. 9세기 바그다드에 설립된 '지혜의 관(館)'[62] 등의 역할이 컸

---

62) 아랍어 발음대로 '바이트 알히크마(영어 표기는 Bayt al-Hikmah)'라고도 한다. 830년 아바스 왕조(Abbasids)의 제7대 칼리프(caliph, 종교, 정치의 최고 통치자)인 마문이 설립한 도서관. 당시 그리스어로 된 의학, 자연과학, 철학 등 학술문헌을 아랍어로 번역하고 천문학 연구도 하기 위한 활동 거점이었다.

다고 알려져 있습니다. 이슬람교 같은 종교하에서 아리스토텔레스와 관련된 문헌이 번역되었다고 하니 그의 주장이 어떻게 받아들여졌을지 대단히 궁금합니다.

그 부분은 지금까지도 이어지고 있는 큰 논점입니다. 아리스토텔레스적 합리주의와 기독교, 이슬람교 같은 종교 계시를 통해 확립된 진리는 필연적으로 충돌하게 되어 있습니다. 이슬람 국가에서도 충돌이 있었는데 기독교와는 다소 다른 경위로 일어났습니다. 먼저 '지혜의 관'에 대해 설명할까요? '지혜의 관'은 당대의 최고 정치 권력자가 개설했습니다. 원래 이슬람교 종교인들은 코란의 한 글자, 한 문장을 어떻게 읽어야 할지를 탐구한 뒤, 다양한 자료를 수집하고 거기서 도출한 방향으로 코란 해석학을 구축했습니다. 그래서 코란 해석학과 함께 역사학도 발전했습니다. 코란의 구문을 해석하기 위해 그 계시가 어떤 상황에서 내려졌는지를 찾고 그 과정을 통해 무함마드와 그 제자들의 자취와 공적을 체계화하는 학문이 바로 역사학이었던 것이지요. 역사학의 목적은 역사에 나타난 인간의 본성을 알고자 한 것이 아니라 어디까지나 신의 계시를 정확하게 해석하기 위한 보조적 역할을 하는 것이었습니다. '이 계시는 이러한 역사적 상황에 대해 이러한 목적으로 계시된 것이다'라는 것을 정확하게 논증하기 위해서라는 말입니다. 그런 가운데 어떤 한 권력자가 '지혜의 관'을 만들어 헬레니즘을 들여왔습니다. 인간의 이성으로 진리를 탐구하는 다른 원칙을 들여온 것이지요. 당연히 갈등이 생겼겠지요? 이슬람교의 학문체계를 지키는 종교인들이 어떻게 대응했느냐 하면, 자신들이 근거로 삼는 계시에서 나온 진리를 이론화하기 위해 논리학 등 많은 것을 동원해 이론적으로 무장했습니다. 그런 방식으로 헬레니즘을 받아들인 거예요. 하지만 근본적으로는 '세계에는 시작도 끝도 없다'는 생각이 이상하다고 생각했습니다. 그러면서 '신이 세계를 만들었고 머지않아 끝나게 할 것이다'라는 관념을 사수하며 필요한 부분만 수용해 갔어요. 그러니까 형이상학적 근거가 되는 면은 거부했던 겁니다.

완전히 다른 근거를 바탕으로 한 전혀 다른 진리 사이의 대립과 조화를 가장 잘 드러내는 것은, 아리스토텔레스의 주석을 달았던 이븐 러쉬드(Ibn Rushd)[63]의 '이중(二重)진리설'입니다. 진리에는 이른바 종교 경전의 진리와 철학적 이성의 진리 두 가지가 있다는 주장입니다. 그는 '진리가 무엇인지를 설명할 때, 일반 대중에게는 코란에 이렇게 쓰여 있다고 가르치면 된다. 그것 자체가 계시라는 절대적 기준에 근거하기 때문에 실제로 옳다. 다만 일부 엘리트는 철학적 이성에 의해 진리에 도달할 수 있다. 다만 그것을 일반 대중은 이해할 수 없으며 가르칠 필요도 없다. 결론은 어떻게 해도 같

---

63) 1126~1198. 에스파냐 코르도바(Cordoba) 출신의 중세 이슬람 철학자. 신학, 법학, 철학, 의학 등 다방면에서 두각을 드러냈다. 아리스토텔레스 철학에 주석을 붙이는 과정에서 이슬람교 신앙과 그리스 철학의 조화를 꾀했다. 라틴어로는 아베로에스(영어 표기는 Averroes)라 불리며 13세기 이후 라틴 세계에 아베로에스파라는 학파를 탄생시켰다. '필연적 명제'와 '우연적 명제' 등 서양철학의 중요한 성과를 남겼다.

으니까'라고 주장했습니다. 그렇게 중세 아랍 세계는 대번역시대(大飜譯時代)를 거침으로써 과학에서 서구 각국보다 앞서 있었습니다. 그러면 왜 이른바 근대과학과 근대산업의 발전으로 이어지지 못했는가? 그게 수수께끼입니다만, 이슬람 세계에서 중세의 번역을 통한 이론과학이 실험과학으로 옮겨가지 못했다는 것이 큰 이유일 거라고 봅니다. '종교'와 '정치'가 유착되어 있었기 때문에 종교와 밀접하게 결부된 '과학'도 '정치'와의 유착관계 속에서 이용된 역사가 있는 것입니다. 애당초 종교와 정치가 분리되지 않고 결합되어 있으니 종교계와 국가 사이에 진리를 둘러싼 논쟁은 일어나지 않았습니다. 그랬기 때문에 실험을 통해 정말 어느 쪽이 옳은지를 확인하자는 기운도 일어나지 못했던 거지요. 진리는 신에게서 계시 받은 것이며, 국가도 그에 반대하지 않으니 논쟁이 안 됩니다. 그것을 어떻게 적용할지를 놓고는 정치 판단이 개입하게 되는데, 정치 지배자와 종교인들이 서로 타협하여 잘 매듭지은 것이지요. 진리의 근본 뿌리를 둘러싼 갈등이 없었기 때문에 실험과학을 도입할 필요가 없었던 겁니다. 정신을 차려 보니 너무 늦었던 것이지요.

이슬람 세계에는 어떤 갈등이 있습니까?

---

64) 이슬람 공동체. 이슬람교의 신앙에 의해 결합한 단위집단을 말하는데, 현대 아랍어에서는 민족, 국가를 의미하기도 한다.

정치 공동체를 둘러싼 정치적 갈등이 있지요. '**움마**(umma)[64]' **라는 개념에도 나타나는데요. 신이 있고, 코란을 통해 신의 진리가 인간에게 내려왔고, 그것을 토대로 의무를 다하며 살아가는 인간 집단이 있다고 그들은 생각합니다. 국경이나 민족과는 무관한 개념입니다.** 이슬람교도들은 그런 이념을 가지고 있고, 그 이념을 의심하는 이슬람교도는 거의 없습니다. 이슬람교도들은 이렇게 생각합니다. '세계적 규모의 정치 공동체가 성립되어야 하는데 그렇지 못하다. 현실에서는 개별주권 국가가 이슬람교에 입각하지 않은 통치를 하고 있다. 있을 수 없는 그런 일이 어째서 일어나느냐?'라고 말입니다. 이슬람교의 이념을 진정으로 받아들이는 사람 입장에서 보자면, 누구나가 이해할 수 있는 진리가 엄연히 존재하는데, 그것이 확산되지 않는 국제사회의 제도와 법률이 현실에 존재한다는 사실이 이치에 맞지 않는다는 것이지요.

그들의 생각에 따르면, 이슬람교의 이념에 따라 살고 싶은 자신들이 정치적으로 약하다는 것은 불법 상태이며, 근대의 국제질서와 주권국가 내부의 정치적, 법적 질서에 의해 불법 상태가 합법인 것처럼 취급받고 있다는 것입니다. 바로 거기서부터 정치적 갈등이 나타납니다. 진리에 관해서는 싸우지 않습니다. 왜냐하면 신에 의해 계시를 받은 이상 진리는 자명하다고 생각하기 때문입니다. 이슬람 세계가 현대에서 의식하는 상대는 초강대국 미국입니다. 이슬람은 인류 전체에 진리가 파급되었다고 믿기 때문에 그때그때의 초강대국과 대항 관계를 이루지요. 제가 애초에 직관적으로 끌렸던 게 바로 그 부분이었던 것 같습니다. 이슬람 세계를 연구해 보자고 생각한 이유 말입니다. '경제적 성장과 국제 경쟁은 별개의 문제라고 보며, 진리가 자신들 쪽에 있다고 믿는 집단이 있다. 그들은 진리란 힘을 동반하는 것이며, 힘이 다른 쪽에 실리는 상태를 있을 수 없다고 생각한다'는 부분이에요. 대부분의 문화권은 자신들보다 힘이 강한 국가가 존재한다고 해서 그것을 문제 삼지는 않습니다. 그런데 이슬람 국가들은 그런 강인한 국가, 과학과 문화가 발달한 국가에 가서 실제로 살아 보고 다양한 공부를 하면서도, 진리는 어디까지나 자신들 쪽에 있다고 굳건하게 믿습니다. 그래서 감각이 분열되는 것입니다. 가톨릭과 프로테스탄트 사이에서 진리의 소재를 둘러싼 투쟁이 일어나는 사례와는 방향성이 다르지요. 이것이 이슬람교도의 정치적 갈등이란 겁니다.

미국 측이 이해할 수 없는 감각이 또 있지요? '물질적으로 풍요로워져서 중산층이 늘어나면 모두가 동일한 가치관과 생활감각을 공유하게 되기 때문에 세계는 점점 서로를 이해하게 되고, 평화롭고 온화해진다'는 것이 미국의 기본 사상입니다. 그런데 9.11 테러 이후 이슬람 세계의 중산층은 미국인들의 생각과는 사뭇 다르다는 점이 명백해졌습니다. 미국식 사고방식으로는 이슬람 세계에서 중산층이 원리주의자가 되는 이유가 무엇인지, 그리고 원리주의자란 대체 무엇인지를 설명할 수 없습니다.

도쿄대 리더육성 수업 · 문제해결의 사고력

반바지를 입은 이슬람교도가 농구를 하는 모습을 보면 왠지 중산층일 것 같고, 사고방식도 비슷할 거라고 미국인들은 생각하는데, 그렇게 단순하지 않습니다. 9.11을 통해 세계에는 상상을 초월한 다양성이 있다는 것을 미국인들도 알게 되었지요. 그래서 2011년에 일어난 '아랍의 봄[65]' 현상을 어떻게 해석할 것인가 하는 문제도 나오는 것이고요.

9.11로 정점에 달한 이슬람교 고유의 이념적 절대성, 보편성이 만들어 낸 여파라는 측면이 있다고 저는 생각합니다. '아랍의 봄' 때 사람들은 그 무엇보다 권리를 추구했습니다. 이건 아주 당연하고도 중요한 현상입니다. 이슬람교는 줄곧 의무만을 강조합니다. 인간의 의무는 신의 계시라는 명령에 따르는 것입니다. 계시에 따라 나타나는 법은 인간이 신에게 어떻게 복종해야 하는지에 관한 규범을 제시한 것으로, 코란은 규범 모음집 같은 형식을 띱니다. 거기에는 인간의 권리라는 개념은 원리적으로 존재하지 않습니다. 물론 인간들이 사회를 만들어 살아가는 데 있어서 개개인의 권리는 있겠지만, 그것은 부차적인 것입니다. 우선은 신에 대한 의무가 중요하니까요. 그런데 2011년에 아랍 세계 사람들은 인간들의 권리라는 것을 주된 과제

---

65) 2010년 12월에 튀니지에서 일어난 민주화 운동(재스민 혁명)을 시작으로 북아프리카, 중동의 아랍 국가로 파급된 민주화 요구 운동을 말한다. 2011년 1월에는 이집트에서 대규모 시위가 일어났고 그 결과 장기집권을 해 온 무바라크(Hosni Mubarak) 대통령이 사임했다. 2월에는 리비아에서 반정부 시위가 일어나 무력충돌 끝에 카다피(Muammar Gaddafi) 정권이 붕괴했다. 이후 알제리, 예멘, 사우디아라비아, 요르단, 시리아 등 다수의 아랍 국가에서 정부에 대한 항의 활동이 연쇄적으로 일어났다.

로 삼아 감정을 대단히 노골적으로 드러냈고, 실제로 행동했습니다.

그보다 정확히 10년 전인 2001년에는 세계의 균질화와 글로벌화의 조류 속에서 서양과는 전혀 다른 가치관을 내세우는 사람들이 나타났습니다. 이른바 헌팅턴적 문명 충돌의 방향으로 크게 쏠렸던 것인데[66], 그에 비해 2011년에는 후쿠야마적 자유민주주의로의 수렴[67]이라는 방향성, 즉 반대 방향으로 힘이 움직였다고 생각해요. 그렇게 해서 사람들이 권리를 찾아 정치에 참여하게 되었고, 튀니지와 이집트에서는 엄청난 수의 사람들이 자신의 의사를 표시하고 이의를 제기했습니다. 결과적으로 정치가 흔들렸고, 결국 정치적으로 자유로운 공간이 생겼지요. 하지만 실제로 자유로운 선거를 해 보니, 이긴 쪽은 역시 이슬람주의자였습니다. 서구적인 인권을 첫 번째로 내세우는 사람들은 사회의 10%에서 20% 정도밖에 안 됩니다. 그 외의 사람들에게 첫 번째로 지켜야 할 규범은 여전히 이슬람교입니다. 종교를 내세운 정당이 선거에 나오면 아직도 가장 많은 표를 얻습니다. 그래서 이집트에서는 2013년 무슬림 형제단(Muslim Brothers)[68]이 집권에 성공하기도 했지요. 엘리트층이

66] 『문명의 충돌』은 문명사적 관점에서 오늘날의 세계를 기독교, 중국, 아프리카권, 아랍권으로 나누어 살피고, 앞으로는 이슬람 세력과 중국이 주목받을 것이라고 예견했다. 각주 59) 참조.

67] 각주 58) 참조.

68] 1929년에 이집트에서 결성된 급진적 무슬림 정치단체. 철저한 이슬람화를 내세운다. 단체가 결성된 당시에는 이슬람 정신의 회복을 위해 폭력 대신 복지 지원에 집중했으나 1950년대 이후 테러단체 명단에 올랐다. 2012년 이들의 지원을 업고 이집트 최초의 이슬람 정권이 탄생했으나 2013년 독재, 경제파탄을 이유로 이집트에서 반정부 시위가 일어나 정권은 붕괴했고, 이에 따라 무슬림 형제단도 위기를 맞았다.

군대를 동원해 쿠데타를 일으켜 축출되기는 했지만요.

2011년에 일어난 일련의 사태는 어떤 결과를 초래했습니까?

어떤 혼란이 있었건 민주적 대의제에 가치를 두는 방향으로 전환이 이루어지고 있는 상황은 공통적입니다. 종교 신앙은 변하지 않았지만 정책 모델과 체제에 관해서는 서구적 민주주의 방식을 상당히 수용하는 방향으로 갈 것으로 봅니다. 다만 이슬람교의 관점에서 보면 대의제는 문제가 있지요. 의회는 법을 만드는 장소입니다. 그런데 이슬람교에서는 법이란 신이 계시를 통해 내려 준 것이고, 인간은 그것을 받아들일 뿐입니다. 의회가 만드는 '인정법(人定法, 인위적으로 정한 법)'은 신이 내려 준 '계시법'에 반한다고 이슬람주의자들은 주장해 왔습니다. 시대적 흐름이 서구식 민주주의를 받아들이는 방향으로 흐른다면 이슬람주의자들은 이슬람교의 가치를 실현하기 위해서도 선거에서 민의를 얻어야 합니다. 이것은 대단히 큰 변화입니다. 앞으로는 대의제 정치 속에서 어떤 이슬람적 가치를 받아들이게 할지가 일종의 정치 과제가 될 것입니다. 향후 어떻게 대처해 갈 것인지가 문제예요. 한번 결정하면 그것은 이슬람의 규범이니까 이후 두 번 다시 변하지 않을 것인지, ―그 경우에는 대의제 정치가 내부로부터 무너지게 되겠지요? ― 그렇지 않으면 양립할 것인지가 주목되지요. 그때의 주체도 중요합니다. 종교규범에 근거를 둔 법이니까 종교법학자들에게 권한이 있는 건지, 의회에서 선거를 통해 이긴 보통 사람들이 이슬람법을 해석해 입법화할 것인지 하는 부분 말입니다.

　　이란에서는 종교인이 정치적 결정을 내리지 않습니까? 그런 부분은 어떻게 되는 겁니까?

　　이란의 시아파 같은 경우에는 종교인의 히에라르키(Hierarchy, 위계질서)가 견고하고 경제 기반도 강해서 정치 주체로서의 조직과 제도를 갖추고 있습니다. 종교인의 위계가 모호하고 종교인이 정치권력자에게 의존, 종속하는 것이 정상인 수니파가 우세한 이집트나 튀니지와는 전혀 다른 양상이지요[69]. 그래서 보다 종교적 체제를 바라는 사람들은 종교 기구와 종교적 권위자의 힘을 강화하기 위한 노력을 하거나, 선거를 통해 의회에 진출해 이슬람법을 도입하는 절차를 밟아야 합니다. 선거에 이긴 사람들이 이슬람법을 시행하더라도 수니파의 경우 항구적으로 이슬람 체제를 만들기는 어려울 것입니다. 현실적으로 수니파가 이란의 시아파 같은 종교적 위계질서를 도입해 종교인이 삼권(三權)보다 위에 군림하는 이란식 정치체제

---

[69] 수니파와 시아파는 이슬람교의 2대 종파다. 수니파는 전 세계 이슬람교도의 88%를 차지하며 이집트, 북아프리카, 터키, 스페인 등 이슬람권의 주요 세력을 차지한다. 시아파는 10%의 비율을 차지하며 중심 지역은 이란이다. 두 파벌의 차이는 우선 교의에서 나타나는데, 수니파는 무함마드의 후계로서 4인의 칼리프(종교, 정치의 최고 지도자)를 모두 정통으로 지지하는데 반해, 시아파는 무함마드의 사촌동생이며 사위만을 후계자로 인정한다. 코란의 해석이나 계율에 있어서는 수니파가 더 엄격히 따르고 시아파는 관용적인 태도를 보인다.

를 만들 수 있을 거라는 생각은 안 듭니다. 그런 일은 한 번도 없었습니다. 만약 그렇게 된다면 이슬람의 역사가 크게 바뀌겠지요? 결국 이집트와 튀니지에서는 종교인이 당대의 정치 권력자에 대해 '종(從)'의 입장입니다. '주(主)'는 정치 권력자이지요. 현재는 의회가 '주'의 입장입니다. 의회에서는 공정하게 선거를 치르면 이슬람주의가 우세하지요. 그에 비해 진보파는 수적으로는 이길 도리가 없습니다. 하지만 국제적 파급력이 있어서 대의제 추진 과정에서 보여 준 역할을 통해 일정 부분 정통성을 인정받았으며, 그들이 2011년의 혁명을 실제로 견인했지 않습니까? 그렇다 보니 이슬람교에 의한 신권(神權) 정치는 아무래도 생각하기 어렵습니다. 2013년의 이집트처럼 무슬림 형제단이 너무 득세하면 진보파가 군대와 결탁해 선거 결과를 뒤집는 움직임까지도 나타나니까요.

'기술'과 '과학'의 관계를 이야기해 볼까요? 과거에는 경험적 지식으로서의 기술이 먼저 존재했고, 그 현상을 이론적으로 설명하는 과학이 나중에 뒤따르는 순서였습니다. 그런데 지금은 그 순서가 거꾸로 되었지요. 대표적인 예로 생명과학이 있습니다. DNA 속에 유전자 정보가 새겨져 있다는 과학적 발견은 유전자 변형이라는 기술을 탄생시켰습니다. 유전자 변형 작물은 생산성을 향상시켰지요. 일본인들 중에는 그렇게 경험적으로 의존할 수 없는 부분에 대해 불쾌감, 불안감을 호소하는 사람들도 있습니다. 이슬람 국가에서는 어떻게 받아들여지는지 궁금합니다.

유전자 변형 문제에 관해서는 이슬람 국가들도 거부감을 나타냅니다. 그래도 일본 사람들이 느끼는 감정과는 조금 성질이 달라요. 일본 사람들은 자연에 대한 경외심 같은 것을 품고 있지 않습니까? 모든 자연에 신이 깃들어 있고 그 자연에 손을 대는 것에 대한 거부감이 있지요. 그런데 이슬람 국가들은 유전자 변형 작물이라 하면, 생식능력이 떨어진다는 단순한 믿음 때문에 거부반응을 나타낸다는 점이 재미있어요. 그것 때문에 강하게 반대하지요. 문화권에 따라 감각적 반응이 많이 다른 것 같아요.

또 하나, 원자력의 예를 들려고 합니다. 상대성 이론에 의해 $E=mc^2$이 공식화되었고, 그것을 기술적으로 구현해 개발한 것이 원자력 에너지입니다. 원전에 대한 두려움과 거부반응도 과학적 이해 부족에서 야기된 불안에 의한 부분이 크다고 봅니다. 저는 이란의 핵개발 등을 대단히 흥미롭게 보는데 선생님께서는 어떠십니까?

원자력에 관해서도 근현대 이슬람교 종교인들은 크게 문제 삼지 않습니다. 진화론과 마찬가지예요. 문제는 원자력이 국제정치 구도 속에서 일종의 힘의 원천이 되다 보니, 그것이 이슬람 세계와 이교도 세계의 역학 관계에 크게 영향을 주고 있다는 점입니다. 원자력을 가지고 있지 않으면 원자력을 가진 구미의 지배를 받기 때문에 자신들도 손에 넣어야 한다는 생각이 종교적으로 정당화되기 쉬운 거지요. 종교관으로서 원자력을 어떻게 보느냐 하면 현재로서는 반대론이 거의 없습니다. 자연을 불가역적으로 어느 한 방향으로 몰아간다는 생각을 하지 않으니까요. 그 점에서는 일본인에 비해 '자연'이라는 감각이 약한 것 같아요. 그들에게는 자연이나 인간이나 어차피 신의 피조물이니까요. 인간과 자연의 공존관계에서 일정 선을 넘으면 인간도 살 수 없고, 자연도 회복 불가능해진다는 감각이 별로 없는 거지요.

이슬람교의 특징으로 정교일치(政敎一致)를 들 수 있습니다. 신앙 공동체와 정치적 국가를 동일시한다는 의미이지요. 그럼 인구의 10%가 이슬람교도인 프랑스의 경우, 공화국의 기본 정신이 '라이시테(Laicite, 정교분리 원칙)'인데 어떻게 되는 겁니까?

이슬람교도가 다수를 차지하는 나라에서는 당장에 사람들의 지지하에 정교분리가 실시되는 일은 없을 겁니다. 다만 개인적으로는 프랑스가 단호하게 정권분리를 주장하기를 바라는 입장입니다. 그렇게 함으로써 종교가 공적 영역에 포함되어 개인의 정신적 자유가 제약되는 이슬람 세계와 맞설 수 있고, 그래야 전 세계적으로 볼 때 문화와 가치의 다양성이 유지될 테니까요. 종교는 본질적으로 인간에게 부자유를 강요합니다. 자발적으로 부자유의 강제를 허락하면 단적으로 자유의 공간이 줄어들게 됩니다. 이슬람교의 규범에서 보면 이교도와의 평등한 공존은 정당화될 수 없습니다. 이슬람교는 이슬람교도들이 정치적으로 지배를 해야 하고, 가치 면에

도쿄대 리더육성 수업 · 문제해결의 사고력

서도 이교도에게 이슬람교의 우월성, 절대성을 인정하게 한 뒤에야 공존할 수 있다고 생각합니다. 그들은 이슬람교도가 타종교로 개종하는 것은 불허하지만 기독교도나 유대교도가 이슬람교로 개종할 수는 있게 합니다. 근대적인 종교 간 평등 관념이 아니지요. 이 점을 비판하면 '이슬람교에 대한 공격'이라는 식으로 대단히 강한 반발을 보이는데, 그 원인은 이교도에게도 신앙의 자유가 있음을 인정하는 근본적 발상의 전환이 이슬람교에 아직 일어나지 않았기 때문입니다. 문명 간 마찰의 원인은 서구에만 있는 것이 아닙니다. 하지만 아쉽게도 이교도와의 평등한 공존을 기본원칙으로 삼는 발상의 전환이 이슬람 세계에 쉽사리 나타날 것 같지는 않습니다.

결론부터 말하자면 당장은 이슬람교도 측이 양보할 수 있는 부분과 양보할 수 없는 부분을 이해하고, 종교적으로 건드려서는 안 되는 부분은 따지지 말아야 한다고 봅니다. '누가 더 위에 서 있느냐?'라는 권력문제는 따지지 말아야지요. 그렇게 따져서는 이슬람교도들이 공식적으로 타협해 '대등'이라는 결론을 인정할 가능성이 아예 없기 때문입니다. 다만 이슬람교도들이 그들이 당연시하는 우월의식을 이슬람세계의 바깥, 또는 이슬람 각국의 이교도에게 강제할 경우에는 '아니다'라고 조용히 논할 수 있는 근거를 가져야겠지요.

그럼 이교도 간의 결혼은 어렵지 않습니까?

어렵다면 어렵고 쉽다면 쉽습니다. 이슬람 법학에 상세한 규정이 있어서 이교도 간에 결혼할 수 있는 조합과 그렇지 못한 조합이 명확히 정해져 있거든요. 이슬람교도인 남성과 이교도 여성은 결혼할 수 있지만, 이교도 남성과 이슬람교도 여성은 결혼할 수 없습니다. 코란에 바탕을 둔 규정인데요, 모든 국가에서 이 규범이 유효합니다. 결혼을 하고 싶으면 이슬람교로 개종하면 되니까 이교도 간 결혼이 용이하다는 게 이슬람교도 측 발상이라서 그걸 문제 삼는 사람은 없다고 봐도 됩니다. 조직론이라는 면에서 보면 공동체를 유지하는 데에는 최고의 방법이지요. 남성이 밖으로 나가서 이교도 여성을 발견해 들어오면 공동체가 커지니까요. 그리고 아이들은 자동적으로 이슬람교도가 되니까 시간이 흐르면 공동체는 더 확대됩니다. 엄마가 기독교도라 하더라도 이슬람 법학의 규정에 따라 아이들은 이슬람교도가 됩니다. 이 부분에 대해 '아이들에게 선택할 권리를 주자'라고 하면 그 순간에 엄청난 정치문제로 발전하고 말지요. 그래서 그 점을 이해하고 아무 말 안 하는 대책이 현실적으로는 최고예요. 일본 사람들은 이슬람교도와 교류가 적으니까 이런 부분을 이해하기 어려울 겁니다. 또 아무리 이해했다 해도 차이는 남기 때문에 이해를 전제로 자신의 입장을 정해 타협점을 찾는 수밖에 없습니다.

　이슬람 국가들과 관계를 구축하려면 자기 나름대로 그런 입장을 정리하는 게 좋습니다. 흔히 일본 비즈니스맨 등은 그런 이슬람교의 방식과 이슬람교도의 인식을 '시대착오적이며 경제발전을 저해하기 때문에 바꿔야 한다, 바뀔 것이다'라고 이야기하기도 하는데 사실 저로서는 일본 사람들이 그런 말을 할 수 있다는 게 더 이해가 안 갑니다. 이슬람교도는 이 세계의 엄연한 다수세력입니다. 게다가 일신교의 가치관은 기독교나 유대교 같은 동맹자들이 있어서 힘이 아주 강하지요. 하지만 일본의 종교관은 아주 소수세력이고 제대로 된 가치규범이 있다고 말할 수도 없습니다. **서구나 이슬람 세계 입장에서는 오히려 일본을 '이해하기 어렵지만 차이는 가급적 따지지 않기로 한다'는 원칙하에 대접하고 있다는 것을 일본 사람들이 잊고 있는 것 같거든요.** 경제규모가 짧은 기간 내에 커져서 그럴까요? 이슬람교도의 대다수는 종교 이야기가 나오면 일본인을 동정의 눈으로 봅니다. 진리를 이해할 수 없는 가련한 사람들이란 거지요. 하지만 그럼에도 불구하고 우정은 성립될 수 있다고 생각합니다. 개인과 개인은 개별적으로 관계를 쌓아가면 되니까요. 물론 일본이라는 나라가 세계경제, 또는 주권국가 체계 속에서 이슬람 세계와 어떻게 관계를 맺어야 하는지는 여전히 큰 문제입니다. 관계를 맺기 위한 틀을 고민해야 할 것입니다. 일본의 대기업들은 중동을 작은 시장으로 여겨 시장 진출이 늦었습니다. 중동 각국은 큰 나라도 인구가 7천만 정도거든요. 생각해 보면 동남아시아는 인구도 억 단위지요, 중산층도 늘고 있지요, 일본과의 역사적 관계도 깊고, 이교도에게 자신들의 종교를 강력히 주장하지도 않습니다. 이슬람 세계를 동남아시아에서 얻은 경험에 비추어 봐온 일본인에게 중동은 도통 이해할 수 없는 세계였습니다. 중동의 경우 걸프지역 산유국 등 한정된 장소에 부가 집중되어 있습니다. 세계 최첨단의 것을 구할 수 있고, 전 세계에서 노동자와 기술자가 모여드는 곳이지요. 글로벌화의 축소판이 펼쳐지고 있어요. 그래서 이제는 일본인들도 그곳에 가서 관계를 맺어야 하는 상황에 처했고, 뒤늦게나마 뛰어들고 있지요. '중동은 이해하기 어렵다'는 말들을 많이 하는데 현지인들이 아직 글로벌화에 적응하지 못한 부분과 일본인이 중동의 종교, 사회적 관습에 익숙지 않은 부분이 혼동을 일으키는 경우도 있다는 점을 알았으면 합니다.

마지막으로 여쭙겠습니다. 이케우치 선생님께서 지금까지 이슬람 연구를 하시면서 연구의 스탠스가 바뀌었다거나, 전환점을 맞은 적이 있었는지 궁금합니다.

전환점이라면 역시 9.11을 빼놓을 수 없겠지요. 제 내면적인 변화라기보다 외적인 상황이 크게 바뀌었습니다. 두 가지 면에서 변화했는데, 하나는 현실을 살핀 논의에 대해 발언할 수 있는 장이 생겼다는 점입니다. 그 전에는 '이슬람'적인 것에 어떻게 일본인 취향의 꿈을 실을까, 일본인의 '마음의 빈틈'을 어떻게 찌를까 하는 작업이 성패를 갈랐거든요. 지금도 통속적으로는 그런 면이 있지만요. 하지만 9.11이 일어난 후에는 중동이나 이슬람 세계에서 일어난 사건을 중대한 정치사항으로 보고 어떻게 대처해야 할지 신중히 선택해야 하는 상황이 펼쳐졌기 때문에 전문지식을 추구하는 일정 층이 생겼습니다. 또 하나는 연구의 내용과 더 깊은 관련이 있는데, 저는 처음부터 이슬람교가 국제정치상 커다란 영향력을 미칠 것이라고 생각했습니다. 그것이 어떤 한 면에서는 분쟁요인이 될 수도 있지만, 그뿐 아니라 다양한 국제사회의 현상과 더 깊은 관계를 가지게 될 것이라는 예감을 가지고 연구를 해왔습니다. **'이슬람교는 종교이기도 하고 사상이기도 한데, 거기에 정치적 에너지가 숨어 있으니 현실 정치 문제가 되지 않겠느냐,** 그리되면 재미있겠다'라는 다소 투기적인 확신을 가지고 흥미롭게 연구를 했지요. 그런데 9.11을 통해 그것이 대단히 불행한 형태로 현실화되고 말았습니다. 예감은 하고 있었지만 예상은 못했어요. 그때까지만 해도 이슬람교는 종교로서 정치와 대단히 강력하게 결부되어 있다고 머릿속으로 생각만 하고 있었는데, 그것이 실험실 상황처럼 눈앞에 드러난 겁니다. 그 후 2011년의 '아랍의 봄'으로 다시 한 번 전기가 찾아왔습니다.

9.11이나 '아랍의 봄'은 모두 기본적으로는 같은 종류의 전기를 가져다주었지만 학문상으로는 '아랍의 봄'이 더 큰 영향을 주었던 것 같습니다. 더 복잡해졌지요. 9.11을 계기로 이슬람이 국제관계 속에서 차지하는 잠재적 의미가 현실로 드러났습니다. 현실로 나타났으니 그것을 설명해야 하겠지요? 단순한 이야기인데, 예를 들면 9.11테러 이후에는 테러와 같은 즉물적인 현상의 메커니즘을 설명하는 작업이 당면 과제가 되었습니다. 정치현상으로서는 상당히 특정, 한정된 영역에만 관련된 이야기지요. 그런데 '아랍의 봄' 이후 중동 각국의 정치 전체가 변하고 있습니다. 그로 인해 정치학적 보편성이 있는 사례가 많이 나타났어요. 지금까지는 아랍 각국에 관

한 정치연구는 지역연구라는 개별분야에 속해 있었고, 문화적인 특수성이 강조되어 왔습니다. 지역연구 업계에서 '나는 이집트, 너는 시리아'라는 식으로 분업을 해서 국가 단위로 따로따로 살폈어요. 그 성과는 각국에 관해 알고 싶어 하는 관계자들 사이에서만 유통되었고요. 그러다가 2011년에 시작된 정치변동을 통해서 상황이 바뀌었습니다. '언어뿐 아니라 종교까지 같은 공통의 사회가 이의를 제기한 데서 시작되었는데 각국이 서로 다른 전개를 보인다. 무엇이 정치변동의 귀결을 좌우하는가? 민군 관계(civil-military relations) 등의 제도인가? 종파나 지역주의 같은 사회적 균열인가? 산유국은 안정적인가? 군주제 국가는 어떤가?'라는 무수한 연구과제가 부상하고 있습니다. 그와 동시에 이제까지는 미국에 대한 테러라는 국지적 형태로 모습을 드러내던 '글로벌한 이슬람주의'가 이제는 가장 중요한 근원적 무대인 아랍 세계에서 활동하게 되었습니다. 국가 단위로 나타나는 정치변동과 국경을 넘은 이슬람주의 운동이 어우러지면 어떤 정치적 화학반응이 일어날까 하는 부분이 주목을 끌게 되었다는 것입니다. 이것도 이슬람 정치사상 연구자들이 머릿속으로 몽상하던 실험이 현실세계에서 이루어지고 있는 상태라 할 수 있습니다.

지금까지는 이슬람교의 이념, 이슬람주의 이론의 발전을 분석해 그 이념이 직선적으로 영향을 주는 범위에서 국제관계와 국내관계를 문제 삼았습니다. 하지만 이제는 아랍 국가들의 정치 전체가 변해가는 가운데 그와 불가분의 관계에 있는 이슬람주의의 각국별 또는 국제적 운동이 중요한 위치를 차지하게 되었습니다. 그렇게 되면 이슬람교 이념과 관계 있는 것, 없는 것을 포함해 전체적인 정치 분석을 해야만 이슬람적 정치현상에 관해서도 설명할 수 있게 됩니다. 지금까지는 정치학을 하려면 이슬람 이야기는 뒤로 미뤄 두고 정치에 관계된 부분만을 말하면 됐습니다. 이슬람 연구학자의 관점에서 정치를 볼 경우에는 주제와 관계된 범위에서 그 일부만을 경우에 따라 침소봉대로 확대해서 —제 방식은 아닙니다만— 문제 삼으면 되었지요. 하지만 이제는 종합해야 합니다. 예전에는 정치학자 입장에서는 '이슬람 세계에서 일어난 일의 해설은 이슬람 전문가에게 맡기겠다'라고 말하면 문제없었고요, 이슬람 전문가들은 '이슬람 세계의 정치는 통상의 정치학에서 분석할 수 없다'고 자기주장을 하면 됐습니다. 하지만 지금은 '이슬람 세계를 정치학에서 분석할 수 있다'고 제대로 드러내야 합니다. 학문 분야는 일반적으로 지극히 세분화되고, 제도화되고, 단조로워졌습니다. **최근에는 지금까지 구분하기만 했던 것들을 다시 한 번 상호연쇄를 살피며 재구성해야 한다는 주장이 올라오는 듯합니다.** 그러니까 정치학자나 이슬람 전문가나 그 상황을 반겨야 합니다. 그런 의미에서 정치학 쪽으로 넘어가 보려는 것이 지금의 제 생각입니다. 이슬람 세계의 정치를 대상으로 한 연구는 지역 전문가에게 한정시키지 말고 공동으로 하는 것이 앞으로의 과제라고 봅니다. 예를 들어 군사나 민군관계에 강한 사람이 아랍 각국과 이란, 터키를 대상으로 연구하고, 종교와 정치에 관한 다른 지역의 지견을 이슬람 각국에 응용해 보고,

미디어론과 인구학 전문가들은 중동 각국에 조금 더 눈길을 주는 식으로 지역 전문가 이외의 사람들이 참가하면 좋을 것 같아요. 각자가 뛰어난 분야에서 역할을 분담하는 것입니다.

이슬람을 만나야 하는 시대

이슬람교는 이제껏 일본인들에게 왠지 먼 존재였다. 당연하지만 일본인들이 이슬람교에 관해 아는 바는 기독교에 비하면 한정적이다. 지식인이라 불리는 사람들도 마찬가지일 것이다. 그래서 '아랍의 봄', 리비아의 카다피 정권 붕괴, 이집트의 정정 불안, 알카에다의 게릴라, 시리아 내전 그리고 이란의 핵개발에 대한 강경 자세 등을 어떻게 해석해야 좋을지 몰라 한편으로는 곤혹스러워하고, 또 한편으로는 일상생활에 그다지 관계없다며 안심하며 지낸 것도 사실이다. 그러나 이제 그런 시대는 끝날 것이다. 2013년 알제리에서 발생한 테러로 일본기업 직원들이 다수 사망했다. 그 사건을 통해 일본인들은 이슬람 세계의 움직임에 대해 일본이 더 이상 거리를 두어서는 안 된다는 사실을 깨닫게 되었다. 이제는 좋건 싫건 일상생활부터 정치에 이르는 넓은 분야에서 이슬람교 및 이슬람교도를 직접 만나야 하는 시대가 분명 올 것이다. 이슬람교도의 인구는 기독교도 다음으로 많다. 기독교도가 약 22억 명, 이슬람교도는 약 16억 명이다(2012년 추산). 게다가 세속화가 진행 중인 기독교에 비해 이슬람교는 신도들의 일상생활 구석구석에 깊이 파고들어 있고, 사람들은 계율을 지키며 생활한다. 당연히 국가 차원의 정치도 이슬람교의 교리 안에서 이루어진다. 즉 정교분리가 있을 수 없는 종교인 것이다. 지금은 일본의 정치학자들도 이 부분을 피해 갈 수 없게 되었다. 참으로 중요한 문제다.

이케우치 선생과의 대담에서 흥미로웠던 점은 이슬람교와 과학의 관계다. 9세기에 아바스 왕조의 칼리프였던 마문은 '지혜의 관'이라는 도서관을 만들어 그리스 과학, 철학 등의 문화를 아랍어로 번역해 계승했다[70]. 그들은 거기에 아라비아 숫자, 대수학이라는 새로운 요소를 가미해 과학적 발전을 이루었다. 아랍어로 축적된 성과의 집적은 기독교 세계의 지식인에 의해 전파되어 훗날 서유럽이 '암흑의 중세'에서 탈피하는 '르네상스'의 계기를 만들었다. 그만큼 문화적으로 앞서 있었음에도 불구하고 이슬람 세계는 왜 그 후 서유럽에서 일어난 것처럼 과학, 기술의 발전을 성취하지 못한

---

70) 각주 62) 참조.

걸까? 이케우치 선생은 그 본질적 이유가 이슬람교의 '계시'라는 개념에 있다고 설명한다. 이슬람교에서는 아리스토텔레스, 코페르니쿠스, 뉴턴, 다윈, 아인슈타인 같은 인물이 등장하고 그들이 인류 세계관의 패러다임을 바꾼 일 자체를 알라 신의 계시라고 본다. 사전에 이미 알고 있었다는 것이다. 결국 서유럽에서 나타난 가톨릭과 과학 간 갈등 등이 이슬람 세계에서는 일어날 수 없었던 것이다. 바로 그런 갈등이 서유럽의 과학과 철학을 발전시키는 토양을 만들었는데, 이슬람 세계는 그런 과정을 거치지 않은 것이다. 일본의 과학 역사에도 같은 문제가 있었다. 일본은 메이지 시대(明治, 1868~1912) 이후, 화혼양재(和魂洋才, 일본의 것을 정신으로 삼고 서양의 것을 수단으로 삼는다는 근대화 시기의 구호)라는 말을 내세워 문명개화를 추진해 왔다. 어떤 의미에서 그것은 성공적이었지만 또 어떤 의미에서는 큰 화근을 남겼다. 19세기 말에서 20세기 초반, 29년 동안 일본에 체류하며 의학 발전에 공헌한 독일 의학자 벨츠(Erwin von Bälz, 1849~1913)는 '일본인은 학문(과학)을 편리한 기계처럼 다루지만 그것은 잘못되었다. 학문(과학)은 유기체이며 그것이 커나갈 풍토와 기후, 토양을 필요로 한다'는 취지의 경고를 한 바 있다. 이후 100년 이상 지나 일본은 2011년 3.11 동일본 대지진을 경험했다. 국회 사고조사위원(후쿠시마 원전사고 관련)으로 활동한 개인적 소회는 벨츠가 지적한 문제가 오늘날에도 변함없이 남아 있다는 것이다. 어떤 프랑스인에게 '일본 사람들은 철학이 없기 때문에 원전이 맞지 않다는 의견이 프랑스에 있다'는 말을 들은 적이 있다. 바로 반론하지 못했다. 일본에도 철학과 사상이 있지만 그것이 원자력 과학을 키우는 풍토와 별개로 존재하며 서로 섞이지 못하고 있는 것이 사실이기 때문이다. 사고 후 몇 년이 지났어도 상황은 여전하다. 사고에 대한 대책은 있어도 대부분은 기술적 대책일 뿐이다. '사회', 더 단적으로는 사람부터 생각하는 관점과 사고가 결여되어 있다. 이란은 현재 세계 최고(最古) 문명인 페르시아의 후손이라는 자존심 때문에 패권주의적 성향이 강하지만, 그들의 목적을 달성하기 위해 파혼양재(波魂洋才)를 내세우는 것처럼 보이기도 한다. 그것이 이슬람교의 교리나 사상과는 관계없는 곳에서 나타나려 하고 있다. 벨츠가 지적한 의미에서의 '원자력 과학이 커갈 기후, 풍토'는 없는 것 아닐까? 일본의 전철을 밟는 것보다 더 큰 문제를 일으키지는 않을지 염려된다.

요코야마 요시노리

도쿄대 리더육성 수업 · 문제해결의 사고력

모순된
구조를 바꾸는
오픈화

도쿄대학 정보이공학계 연구과 교수

에사키 히로시

江崎 浩

정보통신공학

Hiroshi Esaki

에사키 히로시

도쿄대학 정보이공학계 연구과 교수 / 1962년 출생. 규슈(九州)대학 공학부 전자공학과 석
사과정 수료. 도시바(東芝) 입사. 1990년부터 2년 간 미국 뉴저지(New Jersey)주 벨코어社
(Bellcore=Bell Communications Research, Inc.), 1994년부터 2년 간 미국 뉴욕(New York)
시 컬럼비아대학교(Columbia University) CTR(Center for Telecommunications Research)
에서 객원연구원. 도쿄대학 대형계산기센터 조교수, 도쿄대학 정보이공학계 연구과 조교수
를 거쳐 현재에 이름. 공학박사(도쿄대학). / 전공은 정보통신공학. 차세대 인터넷 규격의 책
정부터 네트워크의 실천응용 연구까지 활동 범위가 폭넓다. WIDE 프로젝트 대표. 도쿄대
학 그린 ICT 프로젝트 대표 등을 역임. / 저서에 『IPv6 교과서』(감수), 『도쿄대학은 어떻게
30%나 절전했을까?』, 『스마트 그리드 대응 IEEE 1888 프로토콜 교과서』(감수) 등. / 2003
년에 통신방송기구 이사장 표창. 총무대신 표창. 2003년에 정보처리학회 논문상. 2003,
2004년에 총무대신 표창. 2004년에 IPv6 Forum Internet Pioneer Award 등을 수상.

> 인터넷 규격 IPv6의 세계적 권위자이며
> 절전의 관점에서 스마트 사회를 창조, 실천하는 공학연구자.
> 도쿄대학에서 전력의 가시화, 네트워크화를 통해
> 3.11 동일본 대지진 전 대비 30%의 절전 달성.
> 연구실을 박차고 나온 그의 대담한 활동은 어떻게 가능했을까?

요코야마 　에사키 선생님은 컴퓨터 네트워크의 기반 기술을 연구하시는 한편 그 기술을 운용한 수많은 프로젝트를 가동 중이십니다. 지금까지 어떤 경력을 쌓아 오셨는지 들려주시겠습니까?

에사키 　지금으로부터 이십수 년 전에 지방 국립대학의 전자공학과 석사 과정을 수료하고, 도시바에 입사해 종합연구소에서 ATM(Asynchronous Transfer Mode, 비동기 전송 방식) 네트워크 제어 기술을 연구했습니다. 1990년부터 2년 동안은 미국의 벨코어社, 1994년부터는 컬럼비아대학교 CTR에 객원연구원으로 재직하면서

고속 인터넷 아키텍처를 연구했고요. 미국에 체류할 때 미국 정부의 '정보 슈퍼하이웨이 구상(Information Super Highway)[71]' 프로젝트에 참가했는데, 미국 전역을 광케이블을 이용한 초고속 통신회선으로 묶으려 한 이 구상은 그 후 인터넷의 폭발적 확대로 이어졌지요. 로버트 칸(Robert E. Kahn)[72] 박사, 빈튼 서프(Vinton Cerf)[73] 박사 등 '인터넷의 아버지'라 불리는 분들이 이끄는 최첨단 프로젝트를 만나 대단한 충격을 받았습니다. 원래 인터넷이란 것은 돈 많은 연구소가 가진 고성능 컴퓨터를 원격으로 사용하고 싶다는 연구자들의 소망에서 시작되었습니다. 그런데 실제로 모두가 사용하게 되면서 웹 등 새로운 애플리케이션을 개발, 투입, 전개하는 사람까지 나타나 점점 커뮤니티가 커졌고, 성능도 고도화했습니다. 인터넷은 오픈 시스템이 됨으로써 새로운 것을 점차 받아들였고 이전까지 컴퓨터업계의 낡은 비즈니스 구조를 바꾸었습니다. 그 오픈 이노베이션(Open Innovation) 방식에 저는 큰 영향을 받았습니다. 1998년에 도쿄대학에 재직하게 되면서부터는 차세대 인터넷을 위한 기술을 연구하며 그것을 실제로 운용함으로써 한층 실천적인 기술을 만들

---

71) 1993년에 당시 미국의 클린턴 대통령과 고어 부통령이 내세운 초고속 정보통신망 구축 구상으로 미국 전역을 대상으로 펼쳐졌다. 2015년까지 광케이블망을 이용한 초고속 디지털 통신망을 정비해 가정, 공공시설, 기업, 정부를 광범위하게 잇는 사업이다.

72) 1938~현재. 미국의 전산학자. 빈튼 서프와 함께 인터넷 데이터 전송기술의 기반이 된 TCP/IP 프로토콜을 개발했다.

73) 1943~현재. 미국의 전산학자. 2014년 12월 현재 구글 부사장.

어 내려는 활동을 하고 있습니다. 그 후 'WIDE 프로젝트[74]' 활동을 진화, 심화시킨 형태로 '도쿄대학 그린 ICT 프로젝트[75]'를 추진했고, 국내외 기업 및 대학 등과도 협력하면서 기술의 사업화에도 힘쓰고 있습니다.

현재 에사키 선생님의 관심사는 무엇입니까?

디지털 네트워크 기술을 이용한 '사회 인프라 구조'를 오픈화(化)해서 혁신적으로 변화시키는 것이 저의 최대 관심사입니다. 2011년에 동일본 대지진이 일어나기 전에는 안정적인 기존의 시스템을 무너뜨리려면 상당한 준비가 필요했습니다. 그런데 지진 후 꽤 심도 있는 변혁도 가능해졌습니다. 본질적으로는 이미 완성된 독점적 체제에 이르러 혁신이 일어나지 않은 곳을 어떻게 변혁할 것인지를 생각하는 단계에 와 있다고 볼 수 있습니다. 전력 시스템은 그런 경향이 가장 두드러지게 나타나는 예입니다. 동일본 대지진을 통

---

74) 1988년에 설립된 인터넷에 관한 연구 프로젝트. 산학관의 여러 단체와 연구자들이 서로 연계해 IPv6의 기본기술 개발과 상용 서비스 부문에서 수많은 새로운 시도를 했고 성과를 거두었다. WIDE란 Widely Integrated Distributed Environment의 약자다.

75) 개별적으로 운용, 관리되던 시설들의 설비제어관리 시스템을 상호 접속시킴으로써 투입, 배송, 소비에너지 상황을 수집, 가시화하는 작업이다. 이 작업을 통해 IT를 이용한 에너지 절약과 IT 환경 자체의 에너지 절약이 양립할 수 있는지 검토하고 기술을 검증하고자 한다. 2008년에 시작된 프로젝트로 도쿄대학 공학부 2호관을 모델 무대로 삼는다. 상세한 내용은 본문에서 후술.

해 지금까지 보이지 않던 것들이 명백히 드러났고 안정공급의 배후에 있었던 모순도 터져 나왔습니다. 전력 산업과 관련해서는 발송전 분리(발전과 송배전의 분리)[76]가 주요 과제입니다. 방송업계와도 비슷한데, 발전 시스템이 '콘텐츠를 만드는 사람'이라 하면 송전 시스템은 '콘텐츠를 전달하는 사람'에 해당합니다. 지금은 방송 시스템처럼 발송전 시스템도 이 두 가지가 하나로 합쳐진 일체화 상태입니다. 그런데 그 두 부문을 분리해서 콘텐츠에 대해 디펜던트한 (독립적이고도 공정한) 비즈니스가 이루어지게 되면 건전한 경쟁과 공평성을 담보할 수 있습니다. 또 그 과정에서 효율화를 이룰 수 있고, 새로운 서비스가 탄생되는 구조로 발전할 가능성도 있습니다. 다만 전력이나 방송이나 시스템을 구축할 때는 성공을 염두에 둘 필요가 있습니다. 그런 의미에서 처음에는 일체화 형태가 되겠지요. 계획을 현실화하는 과정에서 거창하게 시작했다가 갈수록 흐지부지 무너져서는 안 되니까요. 그러니까 산업으로서 육성해 가는 시나리오에서 접근할 때는 일정 규모로 발전할 것을 목표로 삼고, 그 부분이 달성되었을 때 의식적으로 분리할 필요가 있습니다. 그게 정책으로서 바람직한 형태겠지요. 일정 시점에 기존의 시스템을 무너뜨릴 때

76] 전력회사의 발전 부문과 송배전 부문 사업을 분리시킴으로써 송배전 사업의 중립, 공평성을 높이고 신규 사업자의 시장 진출을 촉진하고자 하는 목적에서 제기되는 과제다. 주요 선진국이 분리 정책을 시행하고 있다. 일본은 송배전 분리를 통해 전력회사가 독점해 온 송전망을 개방함으로써 재생가능 에너지 발전사업 등을 전력시장에 신규 진출시키고, 경쟁을 통해 전기요금을 인하시키려 한다. 각주 87)의 '전력 자유화' 관련 참조.

는 과학기술에 종사하는 사람들이 혁신적 기술을 도입해 대응해야
합니다. 그게 불가능하다면 국가 정책에 관여하는 대학이나 연구기
관이 그 방안을 어느 정도 주도해야겠지요.

인터넷의 세계는 어떻습니까? 인프라가 구축된 과정이 대단히 특
수하지 않습니까?

특수하다고 할 수도 있지만 사실은 흡사한 역사를 미국 철도
의 역사에서 찾을 수 있습니다. 형태도 마치 철도 선로 위에서 사업
을 하는 것 같아 비슷하지요. 철도는 처음에 선로부터 깔았는데, 19
세기 골드러시가 한창일 때 운행을 시작하면서 사람들이 돈을 버는
수단이 되었습니다. 시어즈(현재의 Sears, Roebuck&Co.)[77] 같은 회사
는 선로라는 인프라를 이용해 로지스틱스(물류 시스템)를 효율화하
는 비즈니스를 시작했지요. 노선 다음으로는 도로가 주목을 받았
고, 그 다음에 사람들은 짐을 패키지화하기 위한 컨테이너를 고안
했습니다. 결국 배(해로)와 트럭(도로)과 열차(선로)의 컨테이너 사이
즈만 통일되면 어느 인프라를 이용할지 유통업자가 정할 수 있게
되었지요. 그것이 '표준화'의 본질입니다. 인터넷에서는 FCC(Federal
Communications Commission, 연방통신위원회)가 표준화를 실현했습
니다. 당초에는 마치 로컬 선로가 여럿 존재하는 것 같은 상황이었

---

77) 미국, 캐나다, 멕시코에서 백화점 등을 운영하는 기업

는데 우선은 '선로를 운영하는 자'와 '선로를 이용해 서비스를 하는 자'를 분리했습니다. 그렇게 해서 로컬 오퍼레이터가 독점적으로 각 포인트(point)를 컨트롤하지 않게 된 것입니다. 그렇게 함으로써 선로 규격의 공통화를 꾀한 거지요.

그런 오픈 시스템과 그로 인해 실현된 표준화는 미국적 사상을 바탕으로 이뤄진 성과일까요?

미국에서는 표준화가 전반적으로 속도감 있게 진행됩니다. FCC 같은 조직도 있고 NIST(National Institute of Standards and Technology, 국립표준기술연구원)을 통한 제어도 통하는 느낌이고요. NIST는 처음에는 소방차 호스의 밸브 규격을 조정했습니다. 과거 대규모 지진재해가 일어났을 때 미국 전역에서 소방차가 달려왔지만 가동을 못했어요. 주마다 규격이 다 달라 협조 작업이 이루어질 수 없었기 때문입니다. 그런 경험을 발판으로 NIST는 '모든 주(州)가 페데랄(Federal-Mogul)[78]의 기술 사양을 도입해 공통 규격을 지키자'고 권장했습니다. 그때 '권장은 하지만 권한을 이용한 강제는 하지 않는다'고 밝혔는데 그게 아주 현명한 시스템으로 자리 잡았습니다. 무슨 말인가 하면 추천한 규격이 합리적이지 않으면 산업계가 도입하지 않아도 된다는 것입니다. 싫다고 거부 표시를 할 수 있

---

78) 미국의 자동차부품 판매 기업.

는 거예요. 반대로 공통 규격을 따르는 편이 유리하다고 판단하면 상호 접속성을 가진 부분을 이용해 시장을 확대할 수 있겠지요. 시스템을 잘 만든 거지요. 물론 미국에도 규격이 제각각인 분야가 있습니다. 컴퓨터업계도 처음에는 그랬어요. 1970년대부터 80년대 사이는 그야말로 IBM의 독주 체제였는데, IBM의 시장독점을 어떻게 저지할지를 놓고도 관(官)이 아니라 다양한 민간 기업들이 나서 대응한 바 있습니다.

일본에서는 표준화가 좀처럼 잘 이루어지지 않습니다. 닫힌 시스템이라고 할까요? 예를 들어 프리패브(Prefab) 주택[79]은 제조사 별로 독자적인 시스템을 갖추고 있습니다. '갈라파고스[80]'라 불리는 일본이 휴대전화도 그렇지 않습니까?

일본에서는 표준화하려기보다는 서로 침해하지 않기로 담합을 합니다. 사업을 해도 아담하게 꾸리려 하고요. 분위기가 그래서 그런지, 한 업계의 점유율을 전부 먹겠다고 노리는 사람은 일단 타사의 방해를 배제하기 위해 우선은 기술로 차별화하려 듭니다. 소

79] 일정한 규격에 따라 주택의 골격을 구성하는 자재를 대량생산하여 현장에서 짜 맞추는 프리패브리케이션(Prefabrication) 공법으로 지은 주택을 말한다.

80] 글로벌 표준과 동떨어진 일본 독자 표준을 내세우다 일본 휴대전화 사업이 국내용으로 전락했다는 의미에서 독자적 생태계를 구축한 갈라파고스 군도(Galapagos Islands)에 비유해 부르는 말.

니가 개발한 비접촉 IC카드 펠리카(FeliCa)가 그런 예입니다. 하지만 펠리카를 개발한 소니는 처음에는 수직통합형(기업이 상품의 개발부터 생산, 판매까지 경영활동에 관련된 모든 단계에 다 나서는 방식) 비즈니스 모델로 소니답게 시작했지만, 시장이 커지려 하자 멀티벤더화(한 기업의 제품만으로 시스템을 구축하는 것이 아니라 다양한 기업의 제품 중 좋은 것을 골라 조합하여 시스템을 구축하는 것)를 선언했지요. 자사의 인터페이스를 공개해 타사에서도 만들 수 있게 함으로써 시장 규모를 확대시키는 데도 성공했습니다. 그렇게 할 수 있는 기업이 많지 않아요. 지금은 일본 기업들도 학습 중입니다만.

산업계의 표준화는 '일정 규모', '사업의욕', '식견'이 있는 기업이 리드해야 한다는 말씀이십니까?

확실히 그렇게 말할 수 있을 것 같아요. 하지만 리더의 역할은 기업뿐 아니라 아카데미즘도 할 수 있지 않을까 싶습니다. 제가 진행하는 '도쿄대학 그린 ICT 프로젝트'가 딱 그런 사례입니다. 도쿄대학 공학부 2호관을 실험장으로 삼은 에너지절약 프로젝트인데 2008년에 시작했어요. 오픈 네트워크와 센서기술을 사용해 공조, 조명, 실내 사용전력, 건물 관리시스템 등에 관한 기술과 운용, 시공까지 포함한 산학연계 연구를 실시하고 있습니다. 건물과 설비에 관련된 사람들, 즉 도쿄대학, 도쿄도(東京都), 설계 사무소, 건설회사(종합건축업자), 하도급업자(토목, 건축의 일부를 하청한 업자), 시스템 인테그레이터(시스템 구축을 일괄 하청한 업자), 벤더(제품 판매업자) 등이 모여 최적의 답을 찾으려 시도 중입니다. 어떤 식이냐 하면요, 건물 자동화 빌트인 설비를 하는 업계에 가서 우리가 작업을 해 보겠다고 문을 두드린 적이 있습니다. 엔지니어들은 '다양한 시스템을 연계하는 게 맞다'고 이해해 줬지만, 사업부는 '전례가 없는 일은 하지 않는다'는 부분 때문에 고민을 하더군요. 우리는 '일단 이어보자'고 설득하고 시작을 했지요. 엔지니어들이 작업에 협력해 주었습니다. 실제로 잇고 나니까 새로운 가능성이 점점 나타나는 겁니다. 지금까지 보이지 않았던 애플리케이션 소프트웨어라든지, 비용 절감이라든지, 고객과의 관계 같은 것들 말이지요. 그런 과정에서 사업부 사람들까지도 계속해야 되겠다고 이해하기 시작했습니다. 또 하나의 새로운 가능성이 있는데 글로벌 시장이 시야로 들어왔다는 겁니다. 다양한 시스템을 연계함으로써 '글로벌 표준'이 될 수 있는 부분을 찾기 시작했어요. 그래서 중국과 신흥국 등의 시장을 아주 조금씩이만 찾아냈고, 지금은 모두들 힘이 나는 상황까지 왔지요.

일반적으로 '사실상의 표준'을 따른다는 이야기를 많이 듣는데, 그것과는 어떻게 다른 겁니까?

사실표준(De Facto Standard)에도 여러 종류가 있는데, 저희들의 경우 그것과 공적 기관을 통해 합의된 이른바 공식표준(De Jure Standard)의 중간 또는 양쪽을 모두 이용합니다. 하지만 어느 쪽을 쓰건 역시 식견을 가지고 접근해야 하고, 실제로 적용될 수 있는 것을 만드는지의 여부가 중요합니다. 또 그러려면 아카데미즘이 제일 쉬운 길이라고 봅니다. 선진성과 중립성을 둘 다 챙길 수 있으니까요. 사업 투자 면에서 보면 적용할 수 있는 시스템을 만드는 데 드는 돈은 큰 문제가 아닙니다. 대략 전체의 몇 퍼센트 정도면 되거든요. 그 돈을 대학이 가능하다면 멀티클라이언트의 형태로, 즉 복수 기업과의 산학연계를 통해 만든다면 중립성은 확보할 수 있을 겁니다. 대학이 조합을 잘 짜면 되지요. 사실 'WIDE 프로젝트'가 하는 일이 바로 그거예요. 여러 벤더의 컴퓨터를 가져와 연결하는데, 그때 각 벤더에서 시스템 콘셉트를 어느 정도 끌어내서 공통의 프로토타입을 만들게 하지요. 그렇게 해서 적용 가능하다는 것이 증명되고, 나아가 내부 테스트를 통해 지속적으로 흥미로운 결과를 얻을 수 있는 단계가 되면 '자, 쓰십시오.' 하게 되는 거지요.

경제산업성도 그런 식의 접근을 하려 하는데 성공률이 떨어지더군요. 에사키 선생님은 대학이 주도한 성공 사례의 당사자이신데 어떻게 다르다고 보십니까?

정부가 주체가 될 때는 시작이 좋으면 큰돈을 투입합니다. 그런데 그러면 프로젝트가 느슨해져요. 재무 관리자도 '어차피 나랏돈이니까 적당히'라는 생각을 하게 됩니다. 정부가 끼어들어서 매칭 펀드(보다 큰 규모의 활동을 실현시키기 위해 시민, 기업, 행정 등이 공동 출자하는 경우)를 만들어도 그렇습니다. 사람 심리의 문제지요. 이건 프로젝트 전체의 거버넌스와 관련된 문제이기도 합니다. 나랏돈에는 색깔이 칠해져 있는 것도 아닌데 기업들도 왠지 그렇게 본단 말입니다. 여러 번 다른 프로젝트에도 참가해 봤지만 그런 의미에서 대학이 주도하는 게 긴장감이 있고, 효율적 거버넌스도 가능하지 않을까 싶습니다. 다만 그러려면 대학에 프로젝트를 운용할 수 있는 교수가 있어야 합니다. '저 선생님이 얘기하는 거라면 해야지'라고 생각할 만한 인물이 필요해요. 기업도 내부적으로는 다양한 온도차가 있겠지만 경영진이 전향적으로 생각해 주면 프로젝트가 굴러가기도 하지요. 사업 투자액도 적고, 포트폴리오도 별 볼 일 없지만 경영진 입장에서는 '시켜 봐서 잘하면 되는 거잖아'라고 생각할 수 있는 거니까요. 그러면 현장 사람들은 식섭 발로 뛰는 사람늘이라 아무래도 죽기 살기로 달려듭니다. 그런 구도를 잘 활용하면 됩니다.

대학 교수들에게도 아카데믹한 훈련과는 별개로 프로젝트 운용 훈련이 필요하겠습니다.

그렇지요. 주위의 아저씨들을 잘 구슬릴 필요가 있어요. 프로젝트 운용은 역시 개인기 부분이 크거든요. 저도 가능한 한 OJT(On-the-Job Training)를 통해 대학의 패컬티(학부 교수들)나 학생에게 전수하려고 노력합니다. 대리체험이 안 통하는 경우가 대부분이니까 회의나 협상 현장에 데리고 가서 실제로 어떻게 이야기를 나누는지 들려주는 게 제일 좋은 것 같아요. 하지만 프로젝트라는 것은 원래 단발성이기 때문에 고객과의 관계도 일단 거기서 끊어지는 경우가 일반적입니다. 그러니까 OJT에서 배운 내용을 다음번에 다른 고객과의 관계 형성에서 응용해야 되지요. 프로젝트가 돌아가는 걸 잘 보면, 현장은 달라도 본질적인 부분은 비슷하기 때문에 그걸 파악해야 하고요. 그렇게 경험을 쌓는 과정에서 자기 나름의 프로젝트 매니지먼트 스타일을 만들어야 합니다. 그런데 대학 교수들은 프로젝트 매니지먼트를 하겠다고 예정하고 교수가 된 게 아니기 때문에 어쩔 수 없이 자기 적성에 안 맞는 경우도 있어요. 저도 제가 하는 방식이 전부라고는 생각지 않습니다. 현재 추진 중인 프로젝트도 대학의 포트폴리오 측면에서 보면 아마 존재감도 적고 금액적으로도 소규모일 거예요. 그래도 그런 프로젝트를 허용하는 거버넌스가 대학에 있어야 합니다.

회사로 치면 저희는 사업부에서 돈을 버는 사람들에 해당합니다. 저희는 학교에 몸을 담고 있으면서 동시에 산업계와도 같이 일을 하지 않습니까? 대학은 기초연구소 같은 곳이라서 기초 학문을 연구하는 교수들이 있고, 그 사람들을 대학이 확실히 지켜 줍니다. 그러면 저 같은 사람은 대학에 몸을 담고 사업까지 하는 과정에서 기초연구를 담당하시는 분들의 흥미로운 주제를 항상 곁눈질로 슬쩍슬쩍 볼 수가 있습니다. 그러다가 '아, 저건 다른 현장에서 이용할 수 있겠다!' 싶은 생각이 딱 떠오를 때가 있어요. 그런 의미에서 저희들은 감정사 같은 역할을 하고 있는 거지요. 그게 특전이기도 하고요. 도쿄대학은 그런 점에서 융통성 있는 조직으로 볼 수도 있습니다. 예전에 고미야마 히로시(小宮山宏) 전 도쿄대학 총장이 '**대학을 동물원으로 만들어야 한다. 그러기 위한 거버넌스가 중요하다**'라고 말씀하신 적이 있습니다. 동물원을 만들기 위한 거버넌스란 것은 권한을 휘두른다는 것이 아니라 조직 자체가 다양한 종들 속에서 자연스럽게 안정점을 찾아내는 거버넌스여야 한다는 의미가 아닐까 합니다. 도쿄대학에는 그런 거버넌스가 형성되어 있습니다. 자율적으로 조정하는 거지요.

그런데 거버넌스에 관한 사상적 기축은 의식적으로 정해야지, 그렇지 않으면 시간이 흐르면서 변할 가능성이 있지 않습니까? 제가 몸담았던 매킨지라는 컨설턴트 그룹이 바로 그런 거버넌스를 지향했습니다. 판다도 있고, 고릴라도 있는 동물원처럼 각자 자기 방식으로 일을 하고, 사인 하나도 자기 책임으로 하지요. 그 대신 '파트너'라는 동료 그룹을 구성할 때는 같은 가치관을 공유하는지를 철저하게 조사해서 사람을 뽑습니다.

대학도 마찬가지예요. 교수 선정 과정은 전략적으로 이루어집니다. 학부며 학과의 포트폴리오를 보고 어디에 어떤 인재를 배치할까, 어떤 특색 있는 분야를 키울까, 그러려면 어떤 사람을 초빙할까, 하는 점을 면밀히 검토하니까요. 대학은 표면적으로는 논문 같은 아카데믹한 결과물을 보고 평가를 내리지만, 그 외의 부분도 상당히 중요하게 여깁니다. 특히 도쿄대학에서는 정부를 상대로 제대로 협상할 수 있는지 여부가 지극히 중요합니다. 독립성과 협조성 양쪽의 균형이 잡혀야 하니까요. 저는 기업에서 10년 이상 근무한 뒤에 도쿄대학에 왔기 때문에 다른 대학에 관해서는 잘 모릅니다. 지방의 국립대학을 나와 도시바에 입사해서 13년 정도 일을 한 뒤에 정보 이공학계 연구과 교수가 된 사람이니까요. 도시바에서는 담당 계장까지 했기 때문에 그런 의미에서는 기업의 경영진이 아닌 시각에서 대학의 거버넌스를 접한 경험이 있습니다. 그리고 또 하나는 인터넷 연구 부문에서 게이오 기주쿠 대학(慶應義塾大學)의 무라이 준(村井純)[81] 교수와 공동연구를 했기 때문에 도쿄대학과 게이오대학의 차이를 봐 왔다고 할 수 있습니다. 그런데 다르게 보이면서도 비슷한 점이 많아요. 관(官)과의 관계에서 보면, 도쿄대학은 관을 컨트롤하자는 입장인데 게이오대학은 관과 반대 방향의 일을 하자는 입장이에요. 그래도 기본적으로는 양쪽 다 관으로부터 독립성을 지키려 한다는 점, 그러면서도 관이 제 기능을 하지 못하면 힘들어진다는 사실을 충분히 알고 있다는 점에서 같다고 봅니다.

1990년대에 인터넷이 막 시작되었을 때는 기술과 응용 양면에서 큰 가능성이 보였을 텐데 일본의 인터넷 부자들 중에는 주식 상장

---

81) 1955~현재. 정보공학자. 게이오대학 환경정보학부장. 교수. 일본의 인터넷 보급에 가장 큰 공로를 한 사람으로 꼽히는 인물로 WIDE 프로젝트의 설립자이다.

도쿄대 리더육성 수업 · 문제해결의 사고력

으로 얻은 자금을 부동산 투자 등에 써 버린 사람들도 있었습니다. 기술개발에 투자해 한층 더 차별화를 추구한 사람이 없었지요. 아직은 미성숙 세계니까 모처럼 번 돈을 조금 더 R&E(Research and Engineering, 연구 및 기술) 투자에 쏟아부어도 좋았을 텐데 말입니다.

맞는 말씀입니다. 이건 산업계의 문제이기도 하고 졸업생을 내보내는 대학의 문제이기도 합니다. 사실 미국의 상황을 봐도 그게 잘되고 있지는 않습니다. R&E 투자에 진지하게 나서는 곳은 구글 정도예요. 인터넷이나 네트워크 관련 비즈니스에서 오래된 회사들은 R&E 관련 부문을 잘라 내고 단순한 사업자(Operating company)가 되었습니다. 이제 미국에서 R&E를 담당하는 엔진이라 할 만한 곳은 벤처캐피털 정도입니다. 그들은 두 가지 시나리오를 염두에 두고 R&E에 매달립니다. R&E 투자를 해서 타 회사에 매각하거나, 또는 IPO(기업공개)를 해서 가치를 평가받는 거지요.

아까 인터넷이 철도와 닮았다는 말씀을 하셨는데, 일본의 민영철도인 사철(私鐵)의 비즈니스 시스템을 만들고, 기초를 닦은 사람이라 평가받는 고바야시 이치조(小林一三)[82]라는 천재를 잠깐 언급할까 합니다. 고바야시는 사철인 한큐(阪急)전철을 비롯해 도시개발,

---

82) 1873~1957. 사업가, 정치가. 제2차 고노에(近衛)내각 상공대신을 지냈고, 1941년부터 귀족원 칙선의원, 시대하라(幣原) 내각에서 국무대신, 초대 전재부흥원(戰災復興院) 총재를 역임.

백화점 유통사업, 그리고 다카라즈카(寶塚) 가극단[83]과 도호(東寶) 영화사 설립 등 철도를 기점으로 한 일체의 비즈니스 시스템을 모두 혼자 만들었습니다. 소녀가극[84]의 각본까지도 직접 썼다고 하더군요. 그는 '전무 차장(專務 車掌)'이라 스스로를 칭하며 실제로 승무원으로 일했고, 전차 문을 열고 닫으면서 독창적인 비즈니스 아이디어를 생각했다고 합니다. 차량 안을 둘러보다가 머리 위가 비어 있다며 통로 천장에 매다는 판넬 광고를 발명했고, 역 주위에 건물을 지어 팔았을 때는 최초로 토지와 주택을 묶어 할부로 판매했습니다. 고교야구까지 발명했지요. 전국 각지에서 이긴 팀들이 마지막에 도요나카(豊中)시의 고시엔(甲子園) 구장에 모여 우승을 겨루는 시스템을 만든 겁니다. 사철이 엄청나게 늘어나던 시기에 철도를 중심으로 한 사업으로 이익을 올리는 비즈니스 모델의 원형을 만들었던 거지요. 서구의 흉내를 낸 것이 아니라 현장에서 얻은 발상을 바탕으로 독창적인 아이디어를 낸 경영자가 있었다는 말입니다. 그런 발상과 사상이 요즘 인터넷 비즈니스 관계자들에게는 보이지 않는 것 같아 안타깝습니다.

확실히 어느 한 시기에는 인터넷 사업이 융성하면서 전화회

83] 1914년 최초 공연을 한 가극단으로 미혼 여성만으로 구성된다. 연간 공연 횟수 약 1300회, 동원 관객 수 약 250만 명, 가극단원 수 약 400명에 이르는 인기 공연단체다.

84] 소녀 또는 젊은 여성들로 이루어진 일본 특유의 무대예능. 뮤지컬, 오페레타 공연을 통해 음악, 연극, 댄스 등을 선보인다.

도쿄대 리더육성 수업 · 문제해결의 사고력

사가 망했고, 사회 인프라의 구조조정이 급격히 일어났습니다. 하지만 아쉽게도 인터넷의 틀을 뛰어넘어 비즈니스 플랜을 창조한 사람은 세계적으로도 찾기 어려운 것 같습니다. 그런 가운데 구글이 최근 그런 식의 전개를 보이는 느낌이 들기는 합니다만, 구글의 배후에도 벤처캐피털이 붙어 있으니 비전을 가진 주체는 벤처캐피털이라고도 할 수 있지요. 도시바에 있을 때 배운 점 중 하나는 일본 기업에 프로모션 부대가 없다는 사실입니다. 상품기획은 있지만 프로모션은 존재하지 않는다는 거지요. 처음에는 무슨 말인지 몰랐는데, 미국에서 프로 프로모터를 붙여 줘서 같이 작업을 하다 보니 그들이 어떤 일을 하는지 알 수 있었습니다. 처음 해 보는 경험이었어요. 그들은 다양한 아이디어를 살려서 시장을 키웁니다. 일본에서는 대기업이라 해도 그런 스킬이 없어요. 그런데 한큐 그룹이 바로 그 프로모션을 해냈던 거지요.

지금 와서 보면 환승역처럼 교통수단을 바꾸는 지점(Modal Change Point)은 사람들이 이동도 하고 머물기도 하기 때문에 그곳에 다양한 가능성이 있다는 게 아주 당연하게 눈에 들어옵니다. 하지만 당시에는 그런 발상을 아무도 쉽게 못했습니다. 고바야시 이치조라는 사람만이 해냈던 것이고, 훗날 사람들이 그 기법을 흉내냈던 거지요. 마찬가지로 지금의 인터넷에도 틀림없이 그 같은 가능성이 도처에 퍼져 있을 거라고 생각합니다.

그렇습니다. 기회가 있을 겁니다. 그런데 그 기회를 잡아 현실화하려면 발상이 단순해야 해요. 그리고 혁신은 사업이 돌아가는 와중에 탄생하기 때문에 반드시 현장에 있어야 합니다. 그게 지극히 중요해요. 저는 항상 '왼손에 연구, 오른손에 운용'이라는 말을 강조합니다. 제대로 된 과학적 기초가 있고 그것을 운용할 책임이 있으면, 장래성이 조금이라도 의심스러울 때 알아차릴 수 있습니다. 계산이 빨라지는 거예요. 이 부분이 대단히 중요한데, 아카데미즘이 현실에서 너무 괴리되면 문제예요. 그렇게 되면 오히려 혁신을 일으키기 어려워지거든요. 물론 대학에는 현실과 떨어진 희한한 일을 하는 사람들이 있어야 합니다. 그러니까 그 이상한 부분이 이상한 채로 가치를 가질 수 있도록 살피고 있다가 잘 살려 줄 수 있는 사람이 필요합니다. 그런 절묘한 환경을 대학이 만들어야 하지요. 실제로 대학 학부에는 재미있는 환경이 많이 있습니다. 저는 요즘 스마트 그리드(Smart Grid)[85] 분야와 관련된 일을 하는데, 주위를 둘러보면 전기자동차 관계자, 배터리 제작자, 핵융합 연구자 등 아주 다양한 사람들이 있어요. 그 사람들 사이에 있다 보면 방향성이나 진척 상황이 얼마나 다양한지, 이 연구가 언제쯤 이런 느낌이 될지를 저도 모르는 사이에 알게 됩니다. 그걸 보면서 저희들은 그 연구를 얼마나 원활하게 사용할지를 생각해요. 그때그때의 시장 상

---

85) 차세대 송전망. 기존의 전력망에 IT 기술을 접목해 공급자와 수요자가 전력의 흐름을 양방향으로 제어함으로 에너지 효율을 최적화할 수 있는 송전망.

황도 살펴가면서 말이지요. 그렇게 하면 여러 가지 기회가 시야에 들어오지요.

아까 '도쿄대학 그린 ICT 프로젝트' 이야기가 나왔는데, 구체적으로 어떤 일을 하시는지요?

도쿄대학 공학부 2호관을 모델 무대로 삼아 이루어지는 프로젝트라고 말씀 드렸지요? 개별적으로 운용되던 설비 제어 관리 시스템을 상호 연계시켜서 전력 에너지의 투입, 배송, 소비 상황 전체를 가시화할 수 있도록 했습니다. 그렇게 해서 IT를 구사한 에너지 절약과 IT 환경 자체의 에너지 절약을 양립시키는 실험을 하는 거지요. 실증 실험의 대상이 되는 것은 공조, 조명, 건물 관리 시스템용 소프트웨어, 연구실 사용전력, 서버룸의 시스템입니다. 인터넷을 이용해 시스템을 모두 오픈화해서 제어하게 했어요. 시스템을 전부 바꾸면 돈이 너무 많이 들기 때문에 처음에는 서브시스템에 한해서 변환 작업을 하고, 나중에는 전체적으로 다 통할 수 있도록 사양을 짜고 비전을 제시했습니다. 이미 본격적 전력 모니터링과 에너지 절약 제어를 실시 중입니다.

프로젝트를 진행해 본 결과, 우선은 에너지 절약 면에서 성과가 나타났고, 다음으로는 그 인프라를 사용해 다양한 시도를 할 수 있다는 것을 알게 되었습니다. 예를 들어 노무관리가 가능해졌고, 보안 시스템을 독립 시스템으로 구성할 필요가 없어졌습니다. 그렇게 되면 보안회사가 건물 설비 매니지먼트까지 담당할 수 있게 되지요. 그리고 그 다음으로 한 개 건물을 대상으로 한 단계를 벗어나 여러 동(棟)의 관리, 도쿄대학 캠퍼스 전체를 대상으로 한 실험, 더 나아가 시가지 단위의 실제 전개를 염두에 두고 진행 중입니다. 그래서 스마트 그리드와 융합해 볼까 하는 생각을 하고 있습니다. 이곳 도쿄대학을 거점으로 시스템이 외부로 더 확산되면 좋겠어요. 캠퍼스 전체로 스케일을 넓히면 도시설계 등의 면에서 건물 하나만 대상으로 할 때와는 달리 새로운 참가자가 필요할 테니까 장기적인 디자인도 생각해야 하겠지요.

사실 저는 건축이나 IT계에 체질적으로 좀 문제가 있다는 느낌을 받을 때가 있습니다. '손님, 여기 답 있습니다! 그런데 어떤 문제를 안고 오셨나요? 미리 말씀드린 대로 답은 정해져 있습니다'라는 식으로 나올 때 말입니다. 이거 잘못된 거 아닙니까?

저는 그 의문을 풀어 줄 힌트를 건설회사 사람들과 이야기하는 과정에서 얻었습니다. 이상하게도 건설회사 사람들은 벤더 말이면 다 들어주더군요. 즉 어떤 요구가 있을 때 '이것밖에 못합니다'라는 대답을 하는 사람은 건설회사가 아니라 벤더였던 겁니다. 그래서 건설회사가 디벨로퍼(부동산회사 같은 시설 개발사업자)에게 제안을 못하는 구조인 것 같아요. 건설회사는 원래 그러면 안 됩니다. 그래서 저는 건설회사 현장 사람들에게 항상 이렇게 말했습니다. '벤더가 못한다고 하면 시공주를 설득할 게 아니라 못한다는 그쪽 말을 깨부숴 주면 고맙겠다'라고요. '전략과 전술과 무기에 관해 똑똑히 생각하라'는 말을 자주 듣는데 그 말 그대로입니다. **처음부터 무기를 골라 놓고서 '이걸 들고 있으니 이렇게 싸울 수밖에 없다'라고 할 것이 아니라 전략을 세우고 그에 따라 전술을 정하면 무기는 자연히 나오는 법이지요.**

스마트 그리드는 에사키 선생님의 작업에 어떤 형태로 관련되어 있습니까? 현재 여건은 스마트 그리드의 원래 의미를 생각하기에 좋은 시기지요?

지금은 스마트 그리드까지도 '손님, 여기 답 있습니다!'라는 식으로 이야기가 진행되고 있습니다. 그러니 최종적인 이득이 무엇인지, 전략을 어디에 둘지를 똑똑히 생각해야 합니다. 저희는 원전 없이도 전력 사용에 문제가 없게 하기 위해 모든 지혜를 짜내겠다는 방향성을 가지고 있습니다. 프로젝트를 통해 이미 달성한 기존 대비 '30% 절전'을 큰 목표로 삼아 온갖 수단을 강구합니다. 우선은 그래야 한다고 판단했습니다. 그 과정을 통해 전력회사는 어떻게 해야 하는지에 관한 생각도 해 봐야 되겠지요. 또 하나가 있는데요, 그 엄청난 지진재해를 경험했고, 또 이렇게 절실하게 절전을 고민하고 성과를 내는 나라가 전 세계에 일본밖에 없을 겁니다. 그 노하우를 일본 기업의 글로벌 마케팅에 어떻게 반영시킬지를 생각 중입니다. 그러기 위해 저희는 중국 및 신흥국 쪽과 이야기를 나눌 기회를 만들고, 표준화 기술을 각국에 도입하고, 나중에는 일본 기업이 거기에 참여할 수 있는 때를 기다리고 있습니다.

그런 제안에 대해서 중국 쪽은 어떤 반응을 보입니까?

예전의 중국은 뒤따라오는 입장이었는데, 지금은 자신들이 시장을 장악했다는 자부심에 눈을 뜬 시기인지라 '우리가 사용하는 것들이 국제표준이다'라는 말을 하기 시작합니다. 존재감과 영향력을 키우겠다는 의도가 아주 강한 건데, IT분야에서 세계적으로 일치된 평가 중 하나가 '중국이 한 것들이 다 좋은 건 아니다'거든요. 그래서 저희들은 국제적으로 '좋다'고 평가받을 만한 성과물을 중국에서 내려고 합니다. 성과에 대한 공로는 모두 중국 측에 넘길 거고요. 얼마나 임기응변력을 발휘해서 관계를 형성하느냐가 중요해요. **전략에는 일관성이 있어야 하지만 전술은 상황에 따라 바꾸어야 합니다. 어떻게 전술을 이끌어 낼지에 달려 있겠지요.**

일본의 전력 얘기로 다시 돌아갈까요? 전력회사들은 '여러분, 우리가 바로 전력 공급자예요!'라고 얼굴에 써 붙인 것 같습니다. '우리는 공급을 책임지고 있으니 그 책임을 다하는 한 이렇다 저렇다 군소리 마라'는 자세로 보인단 말이지요. 하지만 지금은 옛날하고는 전력 수요의 구조가 다릅니다. 지금은 공장의 제조현장뿐 아니라 가정의 거실에서도 마음대로 절전을 할 수 있도록 새로운 설계가 개발되었고, 그런 것들이 수요의 중심입니다.

예전에 일본전신전화공사(日本電信電話公社)도 그런 체질이었지요. 일본의 전화와 인터넷 역사는 어떤 의미에서는 '독점적 체제를 유지하는 전전공사'와 '시장 신규 참가자' 간의 교섭의 역사이기도 합니다. 옛날 전전공사는 독점적 지위가 대단했습니다. 다만 민영화를 통해 NTT(Nippon Telegraph and Telephone Corporation)로 바뀌면서부터 조금 유연하게 변했다는 생각은 듭니다. 그런 것처럼 전력업계도 그 구조를 바꾸어야 합니다. 전력의 경우, 발전소와 송전로를 구분한다는 것은 송전사업자 입장에서 보면 대체에너지 발전사업을 하는 단체, 조직을 이용할 수 있게 된다는 뜻입니다. 물론 고도의 기술이 필요하고, 현재로서는 기술 개발력이 시급합니다. 기술이 없으면 본질적으로 아무것도 바뀌지 않지요. 현재 기술이 100%라고 할 수는 없지만 부분적으로는 벌써 실현 가능한 곳이 있어요. 인터넷이 그랬듯 부분적인 데서부터 시작해야 되겠지요. 미쓰비시지쇼(三菱地所)[86] 사람들에게 이런 이야기를 들었습니다. 동일본대지진 전에 미쓰비시지쇼가 도호쿠(東北) 지방에 풍력발전을 세우려고 풍차를 만들었다고 합니다. 거기서 생산한 전력을 그 지역

---

[86] 미쓰비시 그룹의 핵심 기업 중 하나인 대형 부동산회사. 종합 개발자(디벨로퍼)로서 매출 면에서 업계 2위를 차지한다.

도쿄대 리더육성 수업 · 문제해결의 사고력

관할 전력회사인 도호쿠전력(東北電力)에 팔면, 그것을 다시 멀리 떨어진 도쿄의 NTT가 사는 계획이었다는 거예요. 바람이 안 불 때는 NTT에서 알람이 울려 절전을 하는 오퍼레이션을 생각했다고 합니다. 이 이야기는 도쿄전력과 도호쿠전력이라는 지역 내 인프라를 잘 이용하면서도, 거리가 떨어진 장소에서 사업을 일으키는 모델입니다. 나중에는 직접 발전소와 송전로 선을 끌어오면 된다는 시나리오를 생각할 수 있겠지요[87].

기업에 전력의 안정 공급은 사업의 사활이 걸린 문제입니다. 일본에서는 전력회사가 공급을 책임지겠다는 것을 전제로 모든 시스템이 구축되어 있습니다. 즉 정전이 안 일어나게 하겠다는 이야기이기 때문에 그 '안정성'을 빌미로 기업이 기존 전력회사와의 관계를 끊기가 이려운 구조였어요. 그런네 동일본 대지진을 겪으면서 기업들도 알게 된 겁니다. 전력이 모자라면 당연히 정전이 된다는 걸 말입니다. 대지진으로 원전이 멈추자 전력은 부족해졌고, 그 결과 도쿄전력 관내에서는 동네 별로 순번을 정해 정전을 실시했습니다. 그런 계획정전을 경험하면서 사람들이 모두 자구적 노력을 시작하

87] 일본의 '전력 자유화'를 참고하면 이해가 용이한 단락이다. 기존에는 지역별로 관할 전력회사가 정해져 있었다. 현재의 '전력 자유화(전력시장의 자유화)'는 기존의 독점적 전기사업 분야에 대해 시장진출 규제를 완화하여 경쟁을 유발시킴으로써 전기요금 인하와 전기사업 자원의 효율적 배분을 목적으로 시행되었다. 구체적 원칙은 다음과 같다. 1)누구나 전력 공급사업자가 될 수 있다(발전의 자유). 2)어느 공업사업자로부터건 전력을 살 수 있다(소매의 자유). 3) 누구나, 어디서나 기존의 송배전망을 이용해 전기를 송배전할 수 있다(송배전의 자유). 4) 기존 전력회사의 발전 부분과 송전 부분을 분리함으로써 경쟁적 여건을 조성한다(발송전 분리). 5) 전력 도매시장을 정비한다.

게 된 겁니다. 관점을 바꾸면, 전력회사에 대한 신뢰와 안정성이 흔들리는 지금이야말로 대단한 기회입니다. 앞서 말씀드린 미쓰비시지쇼의 예처럼 효율화도 꾀하고, 자사 이용자도 보호할 수 있는 일거양득이 되기 때문에, 정전을 전제로 한 BCP(Business Contingency Plan, 업무 연속성 계획)[88]를 앞으로는 작성하게 될 겁니다. 그러려면 여기와 여기가 손을 잡으면 더 효율이 좋아진다든지 BCP가 향상된다든지 하는 아이디어가 있어야 하지요. 몇몇 공업단지 등에서 그런 노력들을 할 거라고 봅니다. 집합주택 같은 데는 더 쉽고요.

기업 측에서 그런 움직임이 나타나고 있군요. 관(官)도 현재 상황을 이해해야 할 것 같습니다. 하지만 역시 절전에 대한 기업의 절실한 노력이 계속되어야 언젠가는 세계 최고 수준의 환경기술이 개발될 것이고, 수출기업의 탄생으로 이어지겠지요. 꼭 그렇게 될 거라고 예상합니다. 그 점을 빨리 깨달아 비즈니스로 전환할 수 있는 사람이 글로벌 시장의 주인공이 되겠지요?

인터넷 기술에 관해 문화적 측면에서는 어떻게 생각하십니까? 수십 년 전 에어컨이 보급되기 시작했을 때 논쟁이 일었지요. '여름에 냉방, 겨울에 난방을 하면 일 년 내내 25도 정도로 생활하게 된

---

88) 재해 등 비상시에도 기업이 존속할 수 있도록 대응책 등을 사전에 정한 일련의 사업지속계획을 말한다. 설비나 거점 등에 대한 대체기능 확보, 정보 시스템의 백업 등을 갖추어 조기에 복구할 수 있도록 하는 과정이다.

도쿄대 리더육성 수업 · 문제해결의 사고력

다. 그러면 사계절이 주는 기후 감각을 즐기는 운치가 우리 생활에서 사라질 것이다'라고 말입니다. 그런 식의 관점에 대해서는 어떻게 생각하시는지요?

어려운 문제지요. 깊이 생각해 본 적은 없습니다만, 지역마다 예로부터 내려온 문화, 사람들의 관습, 그 가운데에서 느끼는 감성과 감각은 당연히 존중되어야 한다고 생각합니다. 인터넷은 문화의 다원성(Multiculture)을 존중하기 때문에 어떤 한 문화를 수용할 때 지역별로 로컬라이즈되는 과정을 의도적으로 고려합니다. 그것이 '흔히 이야기하는 의미와는 다른 글로벌화'의 과정이라고 생각해요. 그렇기 때문에 인터넷 기술에 관해서는 최초 전략이 매우 중요한 겁니다. '어떠해야 하는가?' 하는 보편성에서 시작하시만, 그 기술을 만드는 방식은 환경에 따라 달라질 수밖에 없다는 점을 전제로 하지요. 예를 들어 디지털 네트워크의 경우는 문자 문화를 뛰어넘을 수 없다는 점을 들 수 있습니다. 구글이 세계를 제패할 수 없는 게 그 때문이라고 할 수 있습니다. 인터넷의 본질은 '글로벌라이제이션', '로컬라이제이션', '자율성'입니다. 그런 의미에서 **글로벌화의 흐름 속에서 어떻게 로컬적으로도 '자율+자립'할 수 있는지가 커다란 포인트가 될 겁니다. 우선은 서로를 잇고, 그 후에 문화의 씨를 존속, 발전시켜야 합니다.** 그러려면 개개인이 독립성을 가져야 하고, 그 바탕 위에서 네트워크를 디자인해야 합니다. 모든 것이 연결되는 가운데, 그 안에는 마이너리티도 제대로 들어 있어야 합니다. 앞서 대학에 관해서도 언급했습니다만, 동물원처럼 다양한 동물, 희한한 동물을 키워야 하는 거지요.

역사적으로 변혁은 변두리에서 일어납니다. 물론 좋은 변혁도 있고, 나쁜 변혁도 있기 때문에 한마디로 이야기할 수는 없겠지만, 나폴레옹은 이탈리아 반도 서쪽에 위치한 코르시카 섬에서 태어나 제대로 프랑스어를 쓰지도 못했다고 합니다. 스탈린은 남 코카서스 지방의 그루지야 출신으로 러시아에서 다수를 차지하는 슬라브족이 아니었습니다. 앞으로 인터넷은 어떤 변화를 겪을 것이라 보십니까?

역시 공상과학의 세계를 떠올리는 게 제일 빠를 것 같습니다. 그리고 제 상상력이라고 해야 앞으로 30년에서 50년 정도가 한계일 테니까 그 이후에 관한 이야기는 무리겠지요. 영화 〈매트릭스(The Matrix)〉[89]나 만화 〈공각기동대(空殼機動隊)〉[90] 같은 세계가 펼쳐질 겁니다. 이건 분명합니다. 의식이 네트워크와 연결되고 모든 것이 가상과 현실 속에 섞일 거예요. 거기까지는 알 수 있습니다. 그리

---

89) 1999년 개봉된 이래 만들어진 시리즈의 총칭. 주인공들이 가상세계와 현실을 오가며 컴퓨터의 지배로부터 인류를 해방시키기 위해 싸우는 내용을 그린 미국영화다.

90) 시로 마사무네(士郎正宗) 원작의 만화. 1995년에 극장용 애니메이션, 2002년에 TV 애니메이션으로 발표되었고 소설, 게임 등의 파생상품도 많다. 뇌에 컴퓨터 기기를 접속하는 전뇌화(電腦化) 기술 등이 발전해 인간이 전뇌를 통해 인터넷에 직접 접속할 수 있는 시대를 배경으로 공안 경찰 조직의 활동을 그린 작품이다.

고 과학기술 연구에 있어서는 대부분 컴퓨터상에 모든 내용이 올라올 것이기 때문에 실험물리학 등 실험계의 가치가 상대적으로 높아질 것 같습니다. 컴퓨터로 거의 모든 것을 시뮬레이션할 수 있게 되면 정말 실험해 볼 가치가 있는 것들은 더 숙련도가 높아야 하거든요. 실험은 그야말로 대단한 발견을 해내는 작업이라는 가치를 가지게 될 겁니다. 컴퓨터를 이용한 계산은 어차피 자신들이 계산한 공간 내에서만 가능한 거니까 새로운 발견이 일어나기 어렵습니다. 따라서 발견의 가치가 급격히 높아지고, 그 높은 가치를 실현하기 위해 실험을 하게 될 거라고 보는 거지요.

요컨대 시뮬레이션 모델에는 세렌디피티(Serendipity, 완전한 우연으로부터 중대한 발견이나 발명이 이루어지는 것)가 없다는 의미군요.

그렇습니다. 그래서 **인터넷이 진정한 의미의 사회 인프라가 되면 '내 지식의 소유자는 누구냐?'를 의심할 수밖에 없게 될 것입니다.** 가상세계의 자산과 현실세계의 자산이 혼란을 일으키기 때문에 지식계급에게 인터넷이라는 사회 인프라는 지식의 소유를 흔드는 주체로서의 의미를 가지게 되는 것이지요. 돈도 그렇습니다. 조금 더 진척된 형태로 활용되겠지요. 머니(Money)라는 큰 개념에서 현금이나 기타 증권 등은 연계될 것입니다. 배후에는 실물 자산이 있고요. 하지만 실물 자산과 유리시킨다고 해도 가상의 머니는 멀티미디어에 활발히 유통될 것입니다. 인터넷은 기본적으로는 멀티

미디어라 다양한 미디어를 잇는 것이 본질입니다. 그러니 머니의 흐름과 관련된 일들이 확실히 세계 전체의 실제 공간과 결합될 거라고 생각하는 겁니다. 또 비즈니스의 세분화(Fragmentation)가 하나의 방어수단으로서 나타날 거라는 것은 알고 있습니다. 세분화로 인한 불이익도 크겠지만 말입니다. 세분화하지 않는 한 비즈니스를 시작할 수 없는 나선형 구조 상황입니다. 그래도 세분화해서 비즈니스를 시작하면 그것이 글로벌한 유통기반이 되고, 그 바탕 위에서 또 얻을 것이 나타나는 반복이 이어지겠지요. 그런 의미에서 제 일은 아마 사라지지 않을 것 같습니다. 인터넷에서 건물, 그리고 에너지 쪽으로 계속 영역이 퍼지겠지요. 아마 다른 분야에도 이 같은 구조가 많이 있을 겁니다. 그것들이 유기적으로, 하나의 생태계로서 연결될 겁니다. 그것이 바로 제가 생각하는 미래 인터넷의 이미지입니다.

도쿄대 리더육성 수업 · 문제해결의 사고력

인터넷의 본질

최근 IT라는 표현과 ICT라는 표현이 같은 의미로 사용되고 있다. 하지만 두 단어의 'I'는 정말 같은 의미라 할 수 있을까? 사전상으로는 ICT(Information and Communications Technologies, 정보통신기술)의 'I'나 IT(Information Technology, 정보기술)의 'I'가 '정보'를 의미하는 한 단어이긴 하지만, IT의 경우는 '인포메이션 (Information)'이 아니라 '인터넷(Internet)'으로 정의해야 한다고 나는 생각한다. '정보 기술'은 예전부터 존재했다. 특별히 새로운 것이 아니다. 라디오, TV, DVD, 블루레이 디스크, PC 등의 전자기기는 모두 정보 기술을 활용한 것이다. 또 전 세계 제조업은 컴퓨터,

NC(Numerical Control, 수치 제어), 로봇을 활용해 생산성을 향상시켰고 시장의 니즈에 부응한 다종소량의 생산을 실현시켰다. '통신 기술'은 어떠한가? 전화는 이미 19세기에 발명되었다. 그 후 IC(집적회로)의 출현으로 크게 진보하기는 했지만 '전화'라는 사실에는 변함이 없다. 휴대전화도 그렇다. 몹시도 편리해진 덕에 지금은 누구나 휴대전화를 남용한다고 할 만큼 사용하지만 일상의 통화 자체가 새로운 놀라움을 주는 것은 아니다. 그에 비해 인터넷은 20세기 말에 완전히 새롭게 등장했다. 일반인들이 자유자재로 쓸 수 있게 된 것은 실질적으로 20년 정도밖에 되지 않지만, 인터넷이 현대사회의 구석구석에 주는 임팩트는 경이적이다. 우리 생활을 매일 변화시킨다고 해도 좋을 테니 말이다. 슘페터(Joseph Schumpeter)의 말대로 경제성장에 혁신이 필요하다면 인터넷이야말로 혁신의 전형적 예일 것이다.

에사키 선생과의 대화의 중심은 오늘날 일본에 대단히 중요한 과제로 등장한 '전력소비'라는 화제였다. 그런데 선생의 전문 분야는 인터넷이다. 선생의 도쿄대학 EMP 강의를 들으면 그토록 손쉽게 활용하는 인터넷의 본질에 대해 우리가 그다지 깊게 생각하지 않았다는 사실을 깨닫게 된다. 인터넷의 본질에는 다양한 측면이 있겠으나, 우선은 인터넷이 새로운 '공유지(Commons)'라는 데에 중요한 의미가 있다고 본다. 공유지는 자원이 고갈되지 않도록 공동으로 관리, 활용하고 제멋대로 남용하지 않도록 하는 공공의 소유물이다. 과거로 따지면 산림과 어장 등 촌락 공동의 소유지, 논의 관개

　　　　　　　　　도쿄대 리더육성 수업 · 문제해결의 사고력

용수, 유럽의 목초지가 그에 해당한다. 최근에는 의료시스템 분야까지 공유지로 보는 견해가 많다. 인터넷도 새롭게 그 범주에 포함되었다고 할 수 있다. 다시 말해 기존의 수많은 네트워크를 결합시키는 인터-네트워크는 전통적 전화회사 같은 강력한 관리 주체가 마스터플랜이라는 종합개념을 가지고 만든 것이 아니라 사용자들이 직접 보다 편리하게 만들기 위해 새로운 기술을 들여오는 형태로 발전해 왔다. 이 새로운 공유지를 원동력으로 기존의 글로벌화에 더욱 가속도가 붙기 시작했다. 글로벌화란 원래 지역 간 '상호연쇄'의 진행인데, 최근에는 기존의 분야, 산업 간 '상호연쇄'도 진행 중이다. 그야말로 월드와이드웹이 지역, 분야, 산업을 자유자재로 결합시키고 있다. 글로벌화에 반대하는 운동도 그 같은 공유지 전개의 혜택을 충분히 받은 것이니, 어딘가 자기모순에 빠져 있는 것은 아닌지 의심하지 않을 수 없다. 글로벌화가 가장 활발하게 일어나는 분야는 금융이다. 이미 1970년대 초반 마이크로프로세서의 출현 이후, 화폐는 추상적 전자지갑으로 변해 국경을 넘나드는 상황이 펼쳐졌다. 이에 인터넷을 통한 상호작용 비용, 정보교환 비용은 급속히 감소했고 이와 더불어 새로운 양상이 나타났다. 예전에는 돈의 흐름을 '산업의 혈액 흐름'이라 비유했지만 지금은 '정보의 흐름' 그 자체이다. 돈의 흐름이 지역이라는 울타리를 저렴하고도 자유롭게 뛰어넘어 이동함으로써 '상호연쇄'와 '상호의존'은 갈수록 심화되고 있다. 그 같은 상황이 이미 존재했지만, 리먼 사태를 통해 한층 더 실감하게 되었다. 불과 수년 전에는 스마트폰이 등장해 우리 생활에 가장 놀라운 변화를 초래했다. 스마트폰은 휴대전화에 인터넷 기능을 붙인 것이 아니라 처음부터 인터넷을 위한 상품이며 게임, 디지털 카메라, 내비게이션 등 온갖 분야의 기능을 흡수한 기기다. 그로 인해 이른바 '산업'이라는 개념이 일부이기는 하지만 희미해지고 있는 상황이다. 인터넷이 출현했을 때 거품이 있기는 했지만 모두가 극찬을 마지않았던 것이 전자상거래(e-commerce)였다. 당시로서는 과잉 기대였을 것이다. 전자상거래는 잠시 주춤하기도 했지만 인터넷 판매라는 형태로 새로운 전개를 시작했다. 지금은 자유로운 비교를 통해 가격파괴가 이루어지고 있고, 우리의 소비행동은 급속히 변하는 중이다. 그 연장선에서 우리는 여태껏 본 적 없는 생활의 대변화를 맞이하게 될 것이 틀림없다. IT는 이제야 시작되었다. 예전에 세간의 칭송을 받던 인터넷 부호들은 그 점을 이해하고 기술투자를 하고 있는지 궁금하다. 밖에서 보는 한 대부분 그렇지 않다는 느낌이 들어 크게 걱정이다. 남이 개발한 것을 손에 넣기만 할 것이 아니라 뜻을 세운 인물, 'IT 시대의 고바야시 이치조'라 부를 만한 혁신가가 출현하기를 기대한다.

요코야마 요시노리

도쿄대 리더육성 수업 · 문제해결의 사고력

실패의
합리적 배경

도쿄대학 대학원 경제학연구과 교수

오노즈카 도모지

小 野 塚 知 二

서양경제사

Tomoji Onozuka

오노즈카 도모지

도쿄대학 대학원 경제학연구과 교수 / 1957년 출생. 도쿄대학 경제학부 졸업, 도쿄대학 대학원 경제학연구과 박사과정 수료 후 자퇴. 박사(경제학). 요코하마 시립대학(Yokohama City University) 상학부 전임강사, 워릭대학교(University of Warwick) 사회사 연구센터 객원연구원, 영국 카디프 웨일스대학(University of Wales Institute, Cardiff) 비즈니스 스쿨 객원연구원 등을 거쳐 현재에 이른다. / 전공은 서양경제사. 주요 연구 테마는 현대구미사회경제사, 영국 노사관계·노무관리사이며 그 외 기계산업사, 유럽통합사, 음악사회사, 식문화사, 병기산업·무기이전사(武器移轉史) 등의 분야에서도 폭넓게 활약 중이다. / 『크래프트(Craft) 규제의 기원 – 19세기 영국 기계산업』, 『서양 경제사학』(공편), 『자유와 공공성 – 개입적 자유주의와 그 사상적 기점』, 『군비확장과 무기이전의 세계사 – 병기는 어떻게 쉽게 확산되었는가?』(공편) 등 / 2001년에 사회정책학회 장려상 수상.

근현대 서구의 경제사회를 날카롭게 해석하는 서양경제사 연구자.
노사관계, 기계산업, 무기이전, 나아가 음악사회, 식문화 등에 이르기까지
'합리적임에도 실패한 것'에서 착안한 사례분석을 단서로
경제와 인간에 대해 통찰하다.

요코야마 오노즈카 선생님께서는 경제사를 전문으로 연구하시는데, 경제사
라는 것은 시대적으로 언제부터 시작된 것입니까?

오노즈카 경제사의 시작점을 어디에 둘지에 관해서는 크게 두 가지 관
점이 있습니다. 시장경제와 산업사회가 확립된 이후의 시대를 경제
사의 범위로 잡는 것이 그 하나이고, 경제라는 것은 인류의 역사와
함께 존재했다고 보는 것이 또 하나의 관점입니다. 예를 들어 막스

베버(Max Weber)[91]는 고대사회 경제에 관해 연구했기 때문에 후자의 입장입니다. 또 경제사는 '경제학'의 한 분야임과 동시에 '역사학'의 한 분야이기도 하기 때문에 연구 기법이 잡종이라 할 만큼 다양합니다. 연구 대상에 따라 다양한 방법이 동원되지요. 경제사 연구자는 어떤 의미에서는 요리 대상에 따라 칼, 냄비, 솥, 필요하다면 다른 도구까지 스스로 개발하면서 요리를 완성시키는 요리사라는 말입니다. 게다가 식재료도 대단히 한정적입니다. 역사 연구 전반이 그렇지만, 대부분의 경우는 자신이 원하는 데이터를 밝힐 충분한 사료가 없습니다. 때마침 그것밖에 없고, 그래서 그것을 이용해 뭐라도 음식을 만들어야 하는 상황이 일반적인 거지요. 그러다 보니 도구나 조리법을 웬만큼 고민해서는 제대로 된 요리를 만들 수 없어요.

제약이 많은 연구 분야로군요. 선생님께서는 그 제약 속에서 어떤 대상을 고르셨습니까?

대학에서 처음 관심을 가진 부분이 기술과 인간의 접점이었습니다. 당시에는 기술사와 기술론 공부를 하고 싶었지요. 하지만 실제로 조사를 해 보니 기술사와 기술론은 대단히 사변적이고 추상적인 논의가 많다는 것을 알았습니다. 일본은 기술론에 관한 논쟁

---

91) 1846~1920. 독일의 사회학자이자 경제사가. 근대사회과학 방법론의 확립자이며 종교와 사회의 관계에 대해 논한 일인자. 저서로 『프로테스탄티즘의 윤리와 자본주의 정신(The Protestant Ethic and the Spirit Capitalism)』 등이 있다.

도쿄대 리더육성 수업 · 문제해결의 사고력

의 역사가 깁니다. 철학, 경제학, 공학이 각각의 입장에서 기술에 관해 많은 논의를 해왔지요. 학창시절에 저는 보일러 연구로 유명한 이시가야 세칸(石谷淸幹)[92]이라는 연구자 등의 훌륭한 저작을 읽기도 했습니다. 그런데 당시의 기술론은 역시 추상적이었습니다. '기술의 본질은 무엇인가?'라는 물음에 대해 기술이란 '노동수단의 물적 체계'라고 보는 수단체계설과, '생산적 실천에 객관적 법칙성을 의식적으로 적용한 것'이라고 보는 의식적 적용설이 대립하는 내용도 공부했는데, 결국 추상적 도구로는 역사 연구를 할 수 없겠다는 생각이 들어 포기했지요. 저는 '그런 논의로는 문제를 직접적으로 파고들기 어렵다. **그럼 기술과 인간의 접점에 성립되는 현상은 무엇인가?'라고 자꾸 캐물었고 마침내 얻은 답이 '노동'이었습니다.** 그렇게 해서 노동사를 주목했고 이후 삼십수 년 동안 제 연구의 주요 영역으로 삼아 왔습니다.

노동사도 다양한 연구 소재가 있을 텐데 선생님의 연구는 노동조합에 관한 연구가 중심이었네요. 특별한 이유라도 있으신가요?

제가 공부를 시작한 1970년경에는 노동사라는 단어조차 확립되어 있지 않았습니다. 당시에는 말씀하신 것처럼 노동조합 운동

---

92) 1917~2011. 기계공학자. 증기공학, 보일러 연구로 유명하며 선박 등의 안전공학에 힘을 쏟은 인물. 저서로『공학 개론』,『에너지 정책의 전환』 등이 있다.

사가 중심이었고, 특히 선진국 영국의 노동조합운동의 영광을 보여주는 연구서나 책이 많이 나와 있었습니다. 저도 그런 것들부터 공부를 했는데, 종래의 연구가 노동조합 투쟁의 역사만을 다루었다는 점을 금방 알 수 있었습니다. 저는 '인간이 일을 한다는 구체적인 사실을 그런 연구를 통해 정말 이해할 수 있을까?'라는 소박한 의문이 들었습니다. 그리고 사람들이 어떤 노사관계 속에서 일해 왔는지를 연구해야 한다고 생각했지요. 그래서 노동조합사도 노동운동사도 아닌, 노사관계사 연구를 시작했습니다. 노사관계사는 노동자와 사용자의 역사인데, 노사 쌍방을 똑같이 살펴야 연구가 성립합니다. 그런데 역시 당시의 수준은 노사관계사라고 말은 하면서도 어딘지 노동자 측에 편중된 연구가 많았기 때문에, 제가 대학원을 나올 무렵에는 확실하게 한계가 보이기 시작했습니다. 노동자 측에 관해서는 대략적인 데이터가 모였다는 느낌이 들었어요. 그런데 거기서 조금 눈을 돌려 보니, 사용자 측에 관한 사료도 찾기만 하면 얼마든지 있다는 것을 알게 되었습니다. 제가 연구 현장으로 삼았던 영국에서는 노사관계를 '노동조합'과 '사용자 단체'의 관계로 봅니다. 그래서 저의 노사관계사 연구는 그 두 '단체'의 관계가 모든 기반이 되었습니다.

영국에서는 사용자 측이 단체를 만들었군요?

업종별로 사용자 단체를 만들었습니다. 거기서 각 업종별로 임금 수준 등이 정해졌는데, 남몰래 시세보다 높은 임금으로 노동자를 끌어가려 하면 규칙 위반 취급을 받았어요. 일본에서는 기업별 노사관계가 기반이 되고, 경영자 단체는 기업 간 평준화를 이끌어내고 조정하는 역할을 하지 않습니까? 기업별로 노사관계가 형성된다는 점이 영국과는 좀 다르지요.

노사관계는 지극히 정치적 문제인데, 연구자들이 동시대의 정치나 노사관계의 상황에 영향을 받지는 않습니까?

글쎄요. 노동법, 노사관계에 관한 연구는 동시대 분위기에 이끌려서 이쪽으로 작용하기도 하고, 저쪽으로 쏠리기도 합니다. 그래서 그 나라, 그 시대 사회의 개성을 파악하기까지 상당히 깊이 있게 파고들지 않으면 진정한 이해를 할 수 없습니다. 그런 의미에서는 외국인이 발을 들여놓기 어려운 분야겠지요. 그 나라의 언어부터 법률, 제도, 관습까지 일체를 웬만큼 알아야지, 그렇지 않으면 노사관계 문헌을 읽어도 두 손 두 발 다 들게 됩니다. 언어도 독특한 표현이나 은어를 알아야 연구가 되고, 암묵적 관행에 관해서도 알아야 사료의 문장을 정확히 이해할 수 있습니다. 저도 영국에 관해 통째로 이해하기까지 10년이 걸렸습니다. 그래서 저 혼자 일본, 미국, 영국, 독일, 프랑스, 이탈리아까지 연구해 봤고 그들 국가 간 비교도 해봤는데 참 어렵더군요. 그래서 실제로는 각 나라 사람들과 공동연구를 해서 비교하는 기법을 썼습니다. 그런데 일본에는 유럽 각국의 노사관계를 연구하는 사람들이 많이 있습니다. 일본에 있는 연구자들은 유럽의 정치 상황이나 국민감정 등과는 조금 떨어진 곳에서 현지 상황을 파악하고 상대화하면서 연구합니다. 그런 점에서 흥미로운 연구를 할 수 있었습니다. 따라서 대단히 특수한 외국 연구의 사례가 일본에 축적되어 있는 거지요. 다른 나라에는 없는 환경이 일본에 있는 겁니다.

그런 외국 연구의 특징이 다른 분야에도 있을 텐데, 그 경우 일본인에 의한 연구는 주로 어디서 발표됩니까? 현지가 많습니까, 아니면 일본이 많습니까?

외국의 노동사나 노동문제 연구는 대부분 일본에서 일본어로 발표되는 경우가 많은 것 같습니다. 제 은사님들도 그렇지만 연구자들이 외국의 노동문제를 연구하는 목적은 일본인들에게 '외국은 이렇습니다'라는 것을 알리기 위해서거든요. 그렇기 때문에 외국어로 쓰면 읽기 어려우니 일본인을 위해 일본어로 쓰는 것이 외국 연구의 표준적 방법이 되는 거지요. 한편 유럽 현지 잡지에 논문을 올리는 경우에는 현지 연구의 동향을 의식해야 평가 받을 수 있습니다. 그러려면 과제설정의 방법이나 연구의 의미부여를 그 사회의 트렌드에 맞출 필요가 있지요. 이처럼 역사 연구나 외국 연구의 세계는 누구를 상대로 말하는지에 따라 같은 대상을 다루어도 논의가 다른 방향으로 흐를 가능성이 있습니다. 누가 어디서 연구를 해도 같은 결론이 도출되는 재현가능성이 반드시 보증되는 것은 아니라는 말입니다. 물의 끓는점은 일본에서나 영국에서나 1기압 하에서 100도지만, 외국 연구는 그런 보편적인 논의를 하기 어려운 분야예요.

도쿄대학 EMP에서는 '실패의 합리적 배경'이라는 주제로 강의를 맡고 계십니다. 강의에 관해 조금 설명해 주시겠습니까?

일을 옳은 방식으로 하면 통상 좋은 결과가 나타나고, 실패는 뭔가 잘못이 있을 때 일어난다고 사람들은 생각합니다. 경험적으로 그렇게 판단할 수 있는 경우가 많지요. 옳게 접근해서 잘 굴러가는 사례와 잘못해서 실패하는 사례가 많습니다. 그런데 만약 정말 그렇기만 하다면 일을 항상 옳게 하면 실패가 없어야 합니다. 웬만큼 얼뜨기가 아닌 이상 항상 조심하고 합리적으로 판단해서 행동하면 대부분 실패하지 않을 거예요. 그런데 과거 역사를 돌이켜보면 합리적으로 열심히 했는데도 나중에 보면 대실패를 향해 달렸던 사례가 분명히 존재합니다. 즉 합리적인 행동만으로는 대실패를 피할 수 없다는 것입니다. 반대로 합리적으로 행동하지도 않고 과정도 잘못되었는데 결과만 좋게 끝나는 사례도 상당수 있습니다. 결과를 보고 나서 그 원인이 옳다, 그르다 판단하는 발상법을 저는 '이기면 충신, 지면 역적'식 역사관이라고 부릅니다. 그런 발상은 다분히 위험성을 안고 있습니다. 이긴 자가 반드시 옳게 일했다고는 볼 수 없는 것이 세상입니다. 졌다고 해서 그 사람이 반드시 잘못된 선택을 반복했다고도 할 수 없지요. 숫자상 적을 수는 있지만 **합리적 선택을 축적하면서도 실패를 향해 달린 사례를 안다는 것은 대단히 중요한 일 아니겠습니까?** 그런 사례는 사실상 존재하고, 우리는 그런 예를 피하고 싶어 하기 때문입니다. 이를 극복해야 함에도 불구하고 '이기면 충신, 지면 역적'식 역사관을 통해 그런 사례들이 묻혀 있었던 것이 사실입니다.

제가 세운 질문 중 하나는 '어째서 합리적 행동을 반복하면서도 실패에 이르는가? 개개인의 사례에는 다양한 개별 원인이 있겠지만 거기서 원인론을 일반화해 낼 수는 없을까?' 하는 점입니다. 또 하나는 '합리적 실패는 피할 수 없는가?' 하는 점입니다. 그 두 가지 질문에 대해 제1차 세계대전(1914~1918)의 발발을 둘러싼 사례와 영국의 노사관계 시스템에 관한 사례를 들어 혼미 상황으로 빠져드는 과정에서 나타난 실패의 합리적 배경에 관해 해설을 붙이는 작업을 하고 있습니다.

제1차 세계대전의 발발을 테마로 한 논의는 시사점이 참 많았습니다. 요컨대 당시에는 세계적으로 글로벌화, 즉 연쇄작용이 일어나 각국이 긴밀한 관계를 쌓고 있었습니다. 그런데 어째서 전쟁에 돌입했을까요?

그렇습니다. 약 100년 전의 세계는 유럽을 중심으로 경제적으로 지극히 밀접한 관계 속에서 큰 발전을 이루고 있었습니다. 글

로벌화라고 하면 흔히 20세기 말 이후의 세계정세라고 이해하지만, 19세기 말부터 20세기로 돌입하는 시기야말로 글로벌화가 1990년대보다 훨씬 활발하게 일어났습니다. 그런데 그 경제적 발전은 1914년 7월에 일어난 제1차 세계대전의 발발로 인해 돌연 멈추고 말았습니다. 이후 20세기 말이 될 때까지 세계는 긴 대립과 마찰을 경험했습니다. 제1차 세계대전의 원인은 무엇이었을까? 그에 대해 사실 유럽에서는 제대로 연구가 이루어지지 않았습니다. 전후 뒤처리는 베르사유 조약(Treaty of Versailles)[93]을 통해 독일에 모든 책임을 뒤집어씌우는 형태로 마무리되었습니다. 그래서 전쟁의 원인을 진지하게 규명할 필요도 없었고, 오히려 규명하면 안 될 것 같은 풍조가 형성된 것입니다. 역사 연구라는 것은 항상 이렇게 현실 속 정치, 사회의 모습에 끌려다니는 부분이 있습니다. 게다가 베르사유 조약을 통해 독일에는 엄격한 군비제한이 가해졌음에도 불구하고 기껏 수십 년 만에 독일은 군비를 재정비해 강대국이 되었고, 그 결과 제2차 세계대전을 일으킵니다. 즉 베르사유 체제는 비군사화에 있어서는 효과가 없었다는 점이 역사적으로 증명된 것이지요. 또 구 연합국인 영국과 프랑스, 그리고 베르사유 강화회의에서 영국과 프랑스의 폭주를 묵인한 미국도 제1차 세계대전에 관해 제대로 된 역사

93] 제1차 세계대전을 종결짓기 위해 1919년 6월 28일 베르사유 궁전에서 연합군 측과 독일 사이에 조인된 강화조약. 독일에게 프랑스 및 폴란드로의 영토 양도, 라인 강변의 비무장화, 오스트리아와의 합병금지, 해외식민지 포기, 전쟁 책임 등을 근거로 한 거액의 배상 등의 책임을 지웠다.

연구를 하지 않았습니다.

　1970년대가 되어서야 새로운 유형의 연구가 나타났습니다. 그 전까지의 통설은 자본주의가 고도로 발달해 자본이 과잉 축적되었고, 생산력이 생기자 그것을 흡수해 줄 국내시장이 필요했던 열강 제국이 식민지를 획득하려고 대립한 결과 전쟁이 일어났다는 것이었습니다. 무슨 말인가 하면, 제1차 세계대전은 팽창하는 제국주의 열강 간 대립의 귀결로서 일어났다는 거지요. 오래된 통설로 인정되던 내용인데, 홉슨(J. A. Hobson)[94]이나 레닌(Vladimir Lenin)[95]의 제국주의론에 의거한 개전(開戰) 원인론입니다. 그런데 그런 통설로는 제대로 설명할 수 없었습니다. 아까도 언급했다시피 제1차 세계대전 직전까지 영국, 프랑스, 러시아, 독일이 모두 경제적으로 대단히 밀접한 관계에 있었고 서로 의존하는 관계였습니다. 그러니 전쟁까지 하면서 무엇을 얻으려 했는지에 관한 의문이 그 원인론만으로는 풀리지 않는 것이지요. 물론 식민지 획득을 둘러싸고 경쟁과 대립이 있었던 것이 사실이지만, 그것이 전쟁의 원인으로 직결되지는 않았던 것 아니냐? 전쟁을 해야만 획득할 수 있는 무언가가 있었다면 그것은 무엇인가? 최근의 연구는 공통적으로 그 부분을 과제로 삼고 있습니다.

94] 1858~1940. 영국의 경제학자, 저널리스트. 수정자본주의의 기수로 평가 받는다. 저서 『제국주의론(Imperialism A Study)』은 레닌의 제국주의론에 영향을 주었다.

95] 1870~1924. 러시아 제국, 소비에트 연방의 정치경제학자, 정치철학, 정치인, 노동운동가, 혁명가. 마르크스의 과학적 사회주의를 발전시킨 레닌주의 이념의 창시자.

당시 정황상 몇 달 싸워서 김이라도 빼고 보자는 분위기도 있었다고 들었습니다.

맞습니다. 최근 연구에서 상당히 명확하게 드러난 내용은 결국 경제적인 문제나 통상외교상의 문제가 직접 원인이 아니었다는 점입니다. 그 증거는 바로 전쟁의 발단입니다. 전쟁의 발단은 유럽 밖에서 일어난 사건이 아니라 유럽 내부의 민족문제를 반영한 오스트리아 황태자 부부 암살사건이었습니다. 즉 식민지 획득 경쟁 때문에 전쟁이 일어났다고 설명하기 어렵다는 거지요. 오히려 당시 유럽인들의 내부 심리상태 같은 것에 착안해야 제1차 세계대전의 진정한 원인이 보일 거라는 겁니다. '제국주의의 팽창'이라는 상황이 있기는 했지만, 결정적인 대립은 평화적인 협상으로 피했고 외교적으로 해결된 상황이었습니다.

고등학교 세계사 교과서 등에서는 독일이 취한 세계 전략을 3B정책(베를린, 비잔티움, 바그다드의 머리글자를 모은 것), 그것을 저지하려 한 영국의 전략을 3C정책(카이로, 캘커타, 케이프타운의 머리글자를 모은 것)이라 해서 세계지도상의 세 점을 연결하는 과정에서 지정학적으로 충돌했다고 설명하는데, 실제로 그런 이유로 전쟁이 시작되었느냐 하면 그렇지 않습니다. 쉽게 전달하기 위해 꾸며낸 이야기예요. 그리고 더 직접적인 반증을 들면 독일은 원래 그리 많은 식민지를 가지고 있지 않았습니다. 독일은 중국 산둥성(山東省)을 식민지로 만들 때 홍콩을 모델로 삼아 칭다오(靑島)를 자유무역항으로 만들어 번영시키려 했습니다. 단순히 독일 제품을 가져다 파는 국외시장으로서 산둥성이라는 식민지를 경영하려 했던 것이지요. 그러니까 영국, 프랑스에 맞서느라 독일이 일어났고, 그 결과가 전쟁으로 발전했다는 생각을 하기는 어렵습니다. 쌍방 간에 전쟁을 해야만 해결이 나는 문제는 아무리 찾아도 안 나온다는 말이지요.

기존의 설에 상당한 모순이 있었군요.

실제로 개전 결정이 난 것은 1914년 7월부터 8월 초에 이르는 한 달 사이입니다. 사실 단적으로 설명하기는 상당히 어려운데, 우선 제1차 세계대전 전의 유럽에 내셔널리즘을 정치적으로 이용하는 경향이 다소 있었다는 점을 이해해야 합니다. 내셔널리즘이 무엇입니까? 국내의 대립과 모순으로부터 국민의 눈을 돌리기 위해 국외에 적이 있다고 날조해서 국익이 위협 받는 상황을 믿게 하는 것입니다. 한발만 더 나아가면 국내에도 국외의 적과 내통하는 배신자가 있다고 하여 자신들은 피해자라는 의식을 부추기고, 보이지 않는 내부의 적에 대해 하나가 되어 싸우자고 통합을 강조할 수 있습니다. 외부의 적과 내부의 배신자에 대한 위협과 증오를 통해 내셔널리즘은 완벽해집니다. 그 같은 민중의 심리상태를 당시 유럽 국가들은 정치적으로 이용했습니다. 19세기 말 정도까지는 어느 국가나 정도의 차이는 있을지언정 의회제 민주주의가 대두해 국민여론이 명료하게 드러나게 되었습니다. 그래서 그 이전의 절대왕정 통치하에서는 필요 없었던 민의의 통합이 정권 유지에 중요 과제로 부상했지요. 국내에 소용돌이치는 다양한 이해관계의 대립을 숨기고, 국익을 위해 국민의 관심을 통합하기 위한 수단으로서 내셔널리즘은 합리적이고 효과적인 수단이었던 것입니다. 특히 국제 분업이 진전되면 어느 국가에서건 쇠퇴하는 산업과 지역이 반드시 발생하는데, 남들이 다 번영하는 가운데 어느 누군가가 뒤처지게 되면 민주주의적 사회에서는 뭔가 설명이나 해석을 요구하는 목소리가 나옵니다. 그에 대한 해석 중 하나는 사회주의 운동 측이 제공한 '자본주의의 근본적 모순과 전반적 궁핍화'였습니다. 그런데 모두가 거기에 동의하면 혁명이 일어나겠지요? 그래서 그에 대항해 외부의 적에서 원인을 찾도록 내셔널리즘 측은 쇠퇴에 대한 설명을 해야 했습니다. 예를 들면 독일의 경제적 침략에 의해 영국의 이익이 잠식당하고 있으니 영국은 보호주의로 전환해야 한다는 거지요. 그게 바로 공정무역운동인데 20세기 초 내셔널리즘의 경제적 표현입니다. **여기서 '국익'은 외부의 적과 내부의 적을 폭로하는 자가 인기를 얻는 정치역학 위에 구축된 것인데, '부의 증진'과 같은 실체적 이익이 반드시 따른다고도 할 수 없는 일종의 허구였지요.**

외부의 적과 내부의 배신자에 대한 두려움을 키우는 구조였군요. 하지만 당시 대부분의 민중은 그런 어려운 논리 따위를 몰랐겠지요?

그렇지요. 신문에 그런 논조가 올라와도 진지하게 읽는 사람이 많지 않았습니다. 지금도 그렇겠지만, 오히려 노래나 대중예능을 통해 내셔널리즘 풍조는 쉽게 확산되었습니다. 당시의 영국은 거대한 콘서트홀 같았습니다. 어린 시절부터 그런 사상을 심어 주기 좋았지요. 아이들에게 들려준 동화 중에 '잭과 콩나무'라는 옛날이야기가 있습니다. 아시지요? 그건 명백히 외국인이 잉글랜드의 이익을 갉아먹는다는 이미지를 아이들에게 심어 주기 위한 이야기예요. 정말 단순한 이야기인데 줄거리가 이렇습니다.

엄마와 둘이서 살아가던 잭이라는 남자아이가 하루는 소를 팔러 시장에 가게 됩니다. 그러다 도중에 어떤 아저씨를 만나 '행운을 부르는 마법의 콩'과 소를 바꾸게 됩니다. 엄마는 화가 나 그 콩을 마당에 던져 버렸는데, 다음날 아침 눈을 떠보니 커다란 콩나무가 구름 위로 솟아 있었어요. 잭이 그 큰 나무를 타고 올라가 보니 구름 위에는 거인의 성이 있었습니다. 성으로 숨어들어 간 잭은 거인의 부인에게 모습을 들켰는데 그 부인으로부터 '이곳은 무시무시한 식인 거인의 성이니 썩 집으로 돌아가라!'라는 이야기를 듣습니다. 하지만 잭은 부엌 부뚜막에 숨어 있다가 거인이 잠들기만을 기다렸습니다. 잠시 후 거인이 쿨쿨 잠에 빠져든 틈을 타 잭은 성에서 금화를 훔쳐 달아납니다. 엄마는 크게 기뻐했습니다. 금화에 맛을 들인 잭은 다음에는 '황금 알을 낳는 닭'을 훔쳤고, 또다시 욕심을 부려 '노래하는 황금 하프'를 훔치려 했습니다. 그런데 잭이 성을 빠져나오기 전에 하프가 울리기 시작했습니다. 이를 발견한 거인은 잭을 뒤쫓아 콩나무를 기어 내려왔습니다. 그러나 먼저 땅에 내려온 잭이 얼른 도끼로 콩나무를 베는 바람에, 거인은 땅에 떨어져 죽었지요. 그래서 잭은 거인도 물리치고, 수많은 보화를 손에 넣었습니다. 나중에는 예쁜 신부를 맞아 어머니와 셋이 행복하게 살았고요. 참 희한한 이야기지요? 잭이라는 소년은 제 맘대로 남의 집에 숨어들었습니다. 이른바 불법 주거침입입니다. 게다가 침입할 때마다 도둑질을 반복합니다. 마지막에는 살인까지 저질러요. 아무리 생각해도 영국 같은 법치국가에서 죄를 저지른 나쁜 소년이 제대로 된 심판을 받지 않을 수는 없습니다. 그런데 잭은 용감한 소년으로 마치 영웅처럼 그려집니다. '잉글랜드 어린이를 잡아먹는 극악무도한 거인'이 바깥세상에 산다는 풍설이 배경에 있었기 때문입니다. 결국 이 이야기를 듣고 나면 귀엽고 착한 잉글랜드 어린이를 잡아먹는 나쁜 악마가 외부 세계에 있는 것처럼 느끼게 됩니다. 소문과 이미지만으로 불법 주거침입, 도둑질, 살인까지 정당화된 거지요.

　그렇게 내셔널리즘을 부추기는 거군요.

　판박이처럼 똑같은 이야기가 같은 시기인 19세기 말에 일본에도 등장합니다. 그 유명한 '모모타로(桃太郞)[96]'입니다. 이와야 사

---

[96] 일본의 대표적 전래동화. 자손이 없는 노부부가 복숭아에서 나온 사내아이를 '모모타로'라고 이름 짓고 길렀는데, 성장한 모모타로가 귀신섬의 귀신이 사람을 괴롭힌다는 이야기를 듣고 그들을 물리치러 떠난다는 이야기다. 부모님이 주신 수수경단을 개, 원숭이, 꿩에게 나누어 주고 부하로 거느린 모모타로는 귀신을 무찌르고 빼앗은 보물을 가지고 돌아와 행복하게 살았다는 결말로 동화는 끝이 난다.

자나미(嚴谷小波)[97]가 1890년대에 엮어낸 『일본 옛날이야기』라는 책을 통해 회자되다가 메이지(明治, 1868~1912) 시대에 국정교과서에 실렸지요. '잭과 콩나무'와 '모모타로'의 차이는 한 가지입니다. 개인주의 사회인 영국에서 자란 잭은 혼자 행동했지만, 집단주의 사회인 일본에서 자란 모모타로는 부하들을 거느리고 집단으로 행동한 점입니다. 하지만 공통적으로는 외부 세계(=외국)에는 무서운 식인 괴물이나 거인이 있어서 그들이 마을(=국내)에 와 사람들을 힘들게 하고 괴롭힌다는 이야기지요. 국내의 모순이나 대립에 대한 해결 가능성을 도출하기 어려울 때 내셔널리즘은 정치인들에게 합리적인 수단, 다시 말해 가장 손쉽게 도망칠 샛길이 되어 줍니다. **내셔널리즘을 이용하면 당장 국내의 이해 대립을 은폐하면서도 특정 방향으로 국민을 유인해 통합을 달성할 수 있으니까요.** 제1차 세계대전 전, 많은 국가가 많건 적건 사회적으로는 노동운동과 사회주의운동의 과격화, 산업적으로는 농업의 쇠퇴라는 국내문제를 안고 있었습니다. 그런 문제들은 쉽사리 해결할 수 없기 때문에 결국 내셔널리즘을 이용하는 방향으로 흘렀습니다. 외부의 적을 설정함으로써 성안의 평화를 추구한 것입니다.

'잭과 콩나무'에서는 외국이라 하면 구체적으로 어디를 가리키는

---

97) 1870~1933년. 아동문학자. 아동용 잡지, 『일본 옛날이야기』, 『일본 전래동화』, 『세계 전래동화』 등의 총서를 발간했다. '모모타로' 외에도 '하나사카지지(花咲翁)' 등의 민화와 영웅담의 대부분은 그의 손을 거쳐 재탄생했다.

겁니까?

그때의 정치상황 속에서 외적에 투영되는 나라는 여럿 있었습니다. 19세기 후반 영국의 일반 대중에게 가장 무서운 상대는 러시아, 또는 막연하지만 중유럽, 중동 부근의 나라였습니다. 그리고 급격히 부상한 독일, 줄곧 영국과 다투어 온 강대국 프랑스, 이렇게 세 외적이 있었다고 봐야 하지요. 그런데 19세기 말이 되자 프랑스와의 관계가 꽤 좋아집니다. 두 나라는 1904년에 영불협상을 체결해요. 나중에 거기에 러시아가 가담해서 삼국협상으로 발전했고요. 그러자 외적은 다시 독일 한 나라로 좁혀집니다. 이렇게 동맹외교는 외적을 선명히 밝히는 작용을 합니다. 민중의 적개심과 대외공포심을 키운 것은 피해의식에서 비롯된 내셔널리즘입니다.

그런데 그런 합리적 판단에서 비롯된 내셔널리즘이 결과적으로는 예상과 반대로 흘렀다는 말씀이시군요. 무엇을 오판한 걸까요?

첫째로 전쟁이 불과 반년이면 끝날 거라고 생각한 점이겠지요. 또 하나는 경제적인 상호 의존관계는 깨지지 않을 거라고 우습게 본 점입니다. 당시 정치인들은 전쟁이 본격화되면 어떤 양상이 펼쳐질지 예상치 못했습니다. 전쟁에 관해 대단히 빈약한 이미지만 가지고 있었던 거지요. 생각해 보면 당연합니다. 유럽을 무대로 펼쳐진 대규모 전쟁은 나폴레옹 전쟁(1800~1814) 이후 거의 없었으니

도쿄대 리더육성 수업·문제해결의 사고력

까요. 실제 체험이 없었습니다. 제1차 세계대전에는 어뢰, 잠수함, 비행기, 탱크 같은 새로운 무기가 투입되었고, 기관총이나 독가스로 대량 살상이 벌어졌습니다. 철도 수송도 전쟁을 보다 큰 규모로 확대시켰지요. 그런 상황을 전혀 상상하지 못했던 겁니다. 그 결과 합리적 판단으로 이용되었어야 할 내셔널리즘이 폭주하기 시작했고, 정치가 제어할 수 없을 만큼 그 영향력이 비대해졌습니다. 정치의 도구로 쓰여야 했는데, 어느샌가 정치가 내셔널리스트의 목소리에 눌리게 되었지요. 독일에 큰소리를 한 방 쳐야 국민 대다수의 원성이 잦아들 분위기에 평화를 내세워 타협이라는 선택을 하면 그야말로 정치 생명이 끝날지도 모르지 않습니까? 자가 증식한 도구의 힘에 조종당하게 된 거지요.

'실패의 합리적 배경'에는 일종의 기본 요소가 있을 것 같습니다. 그걸 알면 예상외의 사태에 대처하기 위한 준비도 가능하겠지요?

기본 요소라 하면, 목적과 수단의 관계가 합리적으로 성립되어 있다는 점을 들 수 있겠습니다. 국민, 국가의 통합이라는 목적이 있고, 그를 위한 수단으로 내셔널리즘을 이용하려 했던 거지요. 하지만 그렇게 일단 '목적=수단'이라는 관계의 합리성이 성립되면 미리 가정하지 못한 부분에 대해서는 제대로 생각할 수 없게 됩니다. 사전에 정확한 목적을 세워두지 않았던 곳에는 함정이 도사릴 가능성이 생기지요. 그런 상황이 안 생기게 하려면 누군가가 가정하지 않은 상황이 벌어질 가능성에 관해 계속 이야기해야 합니다. 그런 세력이 확고하게 존재한다면 실패를 피할 수 있을지도 모릅니다. 제1차 세계대전 전에는 유럽 대부분의 국가에 두 종류의 반전주의자들이 있었습니다. 하나는 사회주의적 반전주의자, 또 하나는 자유주의적 반전평화주의자입니다. 다만 양쪽 모두 내셔널리즘을 수단으로 하여 국내를 통합하려는 정치가들의 움직임에 대해 제동을 걸기에는 힘이 미약했습니다. 사회주의 계열 사람들에게 최대의 모순은 어디까지나 자본가 대 노동자라는 대립이었고, 국가 간 대립 등은 허구나 다름없었습니다. 그래서 그들은 국제연대를 주장했습니다. 한편 자유주의 계열 사람들은 자유무역이야말로 상호 이익으로 이어지므로 그것을 저지하는 내셔널리즘끼리 맞서서는 안 된다고 주장했습니다. 하지만 결국 어느 쪽도 내셔널리즘의 힘을 거스르지 못했고 전쟁을 용인하게 되었습니다. 이렇게 일어난 제1차 세계대전은 대립, 전쟁, 혼란, 빈곤의 시대로서의 20세기의 시발점이 되었습니다. 그런 의미에서 제1차 세계대전을 '세계사 사상 최대의 실패'로 볼 수도 있습니다.

그 같은 '실패의 합리적 배경'이 영국의 노사관계사에서도 발견되었다며, 그 사례를 강의에서 소개하신 것으로 알고 있습니다. 잠시 설명을 부탁드려도 되겠습니까?

'영국의 산업은 어쩌다 쇠퇴의 길을 걷게 되었을까?'라는 주제로 '실패의 합리적 배경'을 고민해 보자는 강의였습니다. 영국은 세계 최초로 산업혁명을 이루어 '세계의 공장' 그리고 '산업사회로서의 선진사회'로 불리며 줄곧 다른 나라의 본보기로 꼽혀 왔습니다. 산업적 영국을 가능케 한 것은 쟁쟁한 기업가, 경영자, 기술자, 장인들이었지요. 하지만 제2차 세계대전(1939~1945) 후 영국에서는 산업의 쇠퇴가 현저했습니다. 지금은 지난날의 영광을 찾아볼 수도 없을 만큼 초라하지요. 그런 점에서 영국은 선진국 중에서도 특이한 사례인데 타국보다 너무 앞서 달린 탓인지도 모릅니다. **저는 그 실패의 원인을 '정책'이 아니라 산업 역군으로서의 '경영자'에 주목해서 고찰했습니다.** 경영자야말로 산업의 흥망성쇠를 결정하는 최대 책임자라고 생각했기 때문에 경영 주체 및 그들을 둘러싼 관계에 주목해 무엇이 혁신을 저해했는지를 살핀 것이지요.

　　속설에 따르면 영국의 산업 쇠퇴의 이유는 '너무 강성이었던 노동조합' 때문이었습니다. 그런 외적 제약이 혁신을 저해한 주범으로 여겨졌기 때문에 그 점을 중심으로 경영자가 어떻게 실패했는지를 밝혔습니다. 동시에 생산성과 인플레이션, 정책, 비상업적 문화 같은 다른 원인론에 대해서도 언급했어요. 앞서 말씀드렸다시피 영국에는 노동조합과 사용자 단체가 있었습니다. 그들은 노동자와 사용자 사이에서 발생하는 다양한 문제와 분쟁을 해결하기 위해 기업 밖에 만들어진 단체적 노사관계 시스템이라 할 수 있습니다. 원래는 '임금 인상' 대신 '개수임금(piecework wage)'을 수용하는 노동자와 타 기업의 노동자를 가로채는 경영자 등 기회주의자들을 규제하기 위해 결성된 단체였습니다. 여기서 임금률(wage rate), 시간 등의 노동조건이 결정되었지요. 기업 내적인 문제도 모두 이 외부 단체의 노사관계 절차에 따라 해결되었습니다. 그렇게 영국에서는 19세기 말부터 20세기 초에 걸쳐 이 시스템이 정비, 발달되었습니다. 이 시스템은 안정적 노사관계를 추구한다는 점에서는 일정 효과를 발휘했습니다. 하지만 그 결과 어떤 일이 일어났느냐? 안정된 노사관계의 구조를 무너뜨릴 우려가 있는 혁신과 기술혁신이 사용자 측 단체에 의해 저지되고 말았습니다. 그런 상황이 영국에서는 1960년대까지 이어졌습니다.

'기업전략(Corporate Strategy)'이라는 표현이 미국에서 사용된 시기가 1960년대인데, 같은 시기에 영국에서는 경영혁신이 경영자 자신에 의해 억압받는 형태로 변질되었군요.

그래서 이래서는 안 되겠다 해서 1960년대 후반부터 1970년대 중반까지 경영자의 책임을 명확히 하기 위한 시도들이 여럿 나타났는데 결과적으로는 잘되지 않았습니다. 노사관계 제도가 혼란했던 원인을 찾는 대규모 조사와 법 정비도 이루어졌지만 가장 중요한 경영자가 그에 응하지 않아 모조리 실패로 끝나고 말았던 것입니다. 노사관계를 단체에 맡기기만 할 것이 아니라 각 기업이 경영자의 책임하에서 혁신, 효율화, 생산성 향상을 달성해야 한다는 당연한 사실을 당시 경영자들은 의식하지 못했지요. 책임 있는 경

도쿄대 리더육성 수업 · 문제해결의 사고력

영을 하지 않았던 겁니다. 그런 상황 속에서 완성된 제도이다 보니, 어떤 목적을 달성하려 했을 때 합리적으로 선택할 수 있는 수단이 그 제도에 의해 제약을 받는 결과가 나타났습니다. 제가 보기에 단체적 노사관계의 원형은 1830년대 스코틀랜드 글래스고우(Glasgow)의 기계 산업에서 시스템이 만들어졌습니다. 1960년대까지 약 백수십 년 동안에 걸쳐 지속해 온 시스템입니다. 그 견고한 제도의 최고 목적은 노사분쟁을 미연에 방지하는 것이었고, 그러기 위해서는 경영자도 그 시스템 속에서 행동해야 했습니다. 그래서 경영권은 사용자 단체의 제약을 받았고, 승인 받은 조건하에서만 행사할 수 있게 되었습니다. 경영자가 의욕과 아이디어를 발휘하려 해도 단체가 주는 제약이 항상 따라다니게 되었기 때문에 결국 혁신에 제동이 걸렸고, 나아가 위축 또는 퇴폐한 경영이 탄생했지요.

그런 관점에서 1980년대 일본의 거품경제를 보면 어떻습니까? 거품이 꺼진 뒤, 거품에 관한 책이 많이 나왔습니다. 그 대부분은 경제학자들이 쓴 책이라 거품을 비평하는 내용이었습니다. 이쯤에서 의문을 드는데, 그 책들은 하나같이 지난날을 돌아보고 분석한 관점에서 쓰였습니다. 예를 들어 '점이 두 개 있다. 여기는 과거, 여기는 지금. 그러니까 이 방향으로 흘러왔다'라는 식이었지요. 제가 이상하게 여긴 건 그 부분입니다. 경제학자의 역할은 '여기 점이 하나 있다. 방향을 정해야 한다' 하면서 어떻게 앞을 내다봐야 할지에 관해 지침을 주는 것 아니겠습니까?

그 의문에 관해서 두 가지 답을 할 수 있을 것 같습니다. 경제학자들은 거품이 꺼지기 전에는 늘 가급적 시장의 질서에 맡겨야 하고, 인위적인 개입이나 통제는 비효율 및 혼란을 일으키므로 안 하는 것이 좋다고 말했습니다. 노동조합에게도 될 수 있으면 아무것도 하지 말라고 했지요. 관점이 그렇다는 것은 시장에서 가격이 급등했다가 급락하는 현상은 당연한 현상이므로 거품이 일어나건 그 후 경제가 얼어붙건 간에 철저하게 시장 질서에 따라야 한다는 의미입니다. 적어도 거품 붕괴가 일어나기 전까지 대부분의 경제학자들이 그 같은 견해를 보이지 않았나 싶습니다. 그런데 일단 거품이 붕괴되어 세상에 큰 소동이 일자 그토록 침착한 조언을 하던 경제학자들이 이번에는 하나같이 주장을 바꿔 '시장이 폭주한다, 폭주를 멈춰야 한다, 규제가 필요하다, 높은 윤리가 필요하다'고 말하기 시작했습니다. 그러면서 시장을 밖에서 감시하거나 제한할 조건을 이것저것 갖다 붙였지요. 시장의 자유는 어디로 갔단 말입니까? 학문적으로 수미일관되지 않는다는 이야기를 들어도 도리 없습니다.

하지즈메 신야(橋爪紳也)라는 건축사가는 1999년에 『일본 거품 유산 건축 100』이라는 저서를 통해 남다른 관점에서 일본의 거품을 분석한 바 있습니다. 그는 책에서 '거품기의 건축을 비판하는 사람이 많지만, 그 건축물들은 훗날 높이 평가 받는 유산이 될 것이다'라고 평가했습니다. 개인적으로는 거품기를 지나면서 일본의 건축이 촌티를 벗었으니 그 시기는 일본건축이 세련되어지는 과정이었

도쿄대 리더육성 수업 · 문제해결의 사고력

다고 생각합니다. 그 건축사가의 책에도 나오지만, 건축계는 거품기의 지극히 사치스런 작품을 반성하면서도 그때 얻은 디자인 기법을 바탕으로 새로운 세련미를 향해 발전했습니다. 경제에도 거품기의 혹독한 경험을 통해 한층 성장했다고 볼 수 있는 측면이 있을까요?

거품기를 거치면서 경제현상이 세련된 방향으로 흘렀느냐? 아닙니다. 일본경제가 1980년대의 거품을 체험한 뒤 찾아낸 탈출구는 '주주의 가치를 우선시하는 기업경영'이었습니다. 그것은 일본경제가 성장하고 세련되어지는 방향이 아니었습니다. 즉 거품을 일으키는 행위를 사전에 체크할 수 있는 시스템으로 승화시켰다거나 하는 생각을 키우지 못했다는 말입니다. 아마도 경제와 건축의 결정적 차이 때문에 그런 것 같습니다. 건축에는 스타일이나 미적 가치를 추구하는 예술성이 있지만, 시장은 예술성과는 무관합니다.

시장에서 거품이 일어나는 이유, 또 다른 문제가 발생하는 이유는 모두 인간의 물욕 때문입니다. 저는 그것을 '한없는 욕망'이라 부릅니다. 물론 예술성을 추구하는 건축의 이면에도 인간적 욕망은 있겠지요. 더 유명해지겠다거나 더 잘 팔리게 하겠다는 욕심 말입니다. 하지만 건축의 세계에는 그런 명예욕이 아이디어로 전환되고 작품으로 승화되는 과정이 있습니다. 그런데 경제의 경우에는 한없는 욕망이 직접적으로 시장을 움직여 갑니다. 가격 상승의 기대감이 생기면 시장 메커니즘은 그쪽으로만 마구 작동합니다. 어떤 의미에서는 필연적 현상이라 중단시키기가 매우 어렵습니다. 윤리와 도

덕을 아무리 강조해도 '한없는 욕망'이 존재하는 한 시장의 폭주를 억제할 수가 없습니다. 경제현상은 거품 전이나 후나 동일한 욕망하에서 움직였습니다. 뜨거운 맛을 봤고 엄청난 경험을 해도 몇 년 지나 가격이 오르기 시작하면 다시 모두 그쪽으로 달려듭니다. 건축은 거품기를 겪고 나서 세련되어졌는지 몰라도 경제에서는 그런 현상이 일어나지 않았어요.

일본에는 개인의 금융자산이 1500조 엔, 개인의 비금융자산도 1500조 엔이나 쌓여 있습니다. 엄청난 금액이지요. 그런데 사람들이 그 돈을 쓰지 않기 때문에 쌓아 놓기만 하다가 나중에는 상속으로 물려주는 것이 현실입니다. 그런데 고령화시대이다 보니, 부모의 사망 시점이 상당히 늦습니다. 95세에 부모가 사망하면 자식들은 65세나 됩니다. 그 나이에는 더 사고 싶은 것도 없지요. 그래서 돈이 소비로 흘러들지 않고 결국 운용 쪽으로만 돌게 됩니다. 세계적으로도 자산이 그렇게 남아돌지요. 지금 전 세계 부자들은 미니버블이 일어나기를 바라며 욕망을 어느 방향에서 구현할지 찾는데 혈안이 되어 있습니다. 이럴 때, 경제사를 전공하시는 입장에서 '경제사관이라는 측면에서는 이런 방향이 있다'라고 제시해 주실 수는 없을까요?

경제학자가 할 수 있는 일이 여럿 있겠지만, 그중 하나는 '시장을 자유롭게 두는 것이 가장 효율적이다'라는 시장원리주의 설이

정말 맞는지 질문을 던지고, 그 질문에 제대로 된 답을 내는 일일 겁니다. 사실 그 문제는 아직 증명되지는 않았습니다. 경험칙으로도 나와 있는 답이 없어요. 개입하는 편이 좋다는 논의도 있는 반면, 국제통화기금(IMF) 같은 데서는 금융위기가 일어날 때마다 자유화가 부족하다는 보고서를 내지요. 이 정도면 이 문제는 거의 신앙 수준이라고 봐야 합니다. 시장이라는 신에게 손을 대면 안 된다고 생각하느냐, 시장은 역시 인간이 제어해야 한다고 보는 거냐? 그 둘 중 어느 쪽으로 사상이 치우치느냐의 문제라는 거지요. 그래서 경제학자는 어느 쪽이 좋은가 하는 질문에는 답할 수 없습니다.

저는 사회 시스템 디자이너로서 의료 시스템 디자인에 오랫동안 간여해 왔습니다. 제가 세운 최대 도전 과제는 보험지(Payer), 의사(Provider), 환자(Patient) 삼자 간에 어떻게든 자기규율이 작동하는 시스템을 만드는 것입니다. 그런 논의를 하다 보면 비즈니스 세계의 사람들은 으레 '시장 메커니즘에 맡기면 된다'는 말을 합니다. '자기규율이 작동하지 않는 이유는 시장원리가 작동되지 않기 때문이니, 시장원리만 도입하면 잘될 것이다'라는 이야기가 정답인 것처럼 돌기도 합니다. 그런데 저는 다른 답을 찾고 있거든요.

말씀하신 대로 각자가 자기규율을 가지고 관계를 쌓는 것이 가장 이상적일 겁니다. 하지만 현대사회를 살아가는 많은 사람들에게 자기규율보다 더 기초적인 단계로서의 인간적 요소는 무엇일까요? 그 인간적 기초는 역시 '한없는 욕망'입니다. 그러한 이상 자기 규율에 기대하기는 어렵다고 봅니다. 경제학자와 건축가 이야기를 다시 하자면, 건축가가 건축물을 미적 가치관에서 디자인하고, 만들고, 고치듯이 경제학자가 시장을 멋들어지게 디자인하고 만들고 고칠 수는 없습니다. 경제학자는 그런 의미에서 건축가가 될 수 없습니다. 그러니 시민운동가나 사상가가 '시장의 건축가'가 되어 현재의 시장경제를 바꿀 수밖에 없겠지요. 새로운 시대를 세울 건축가에게 기대해야 하지 않을까요?

'새로운 무지'의 인식

　　오노즈카 선생의 전공인 경제사뿐 아니라 경제학 일반에 대
해 많은 사람들이 아마추어적 의문을 몇 가지 품고 있다. 예를 들
어 거품경제에 대한 현명한 대응에 관해서다. 과거 거품을 몇 번이
나 경험했으니 거품의 발생을 억제할 지혜를 이제 그만 익힐 때도
되지 않았느냐고 말이다. 그런데 우리는 항상 예전에 경험한 적 없
는 새로운 거품에 직면하는 것 같다. 17세기 네덜란드에서 일어난
튤립버블(튤립에 대한 과열투기)에 대해서는 지혜를 갖추고 있었지만,
1990년대 후반에 발생한 인터넷 거품을 회피할 지혜는 없었다. 앞
으로 출현할 전혀 새로운 유형의 거품에 대해서도 우리는 언제나

무지하다 해도 좋을 것이다. 바로 그 지점의 의문을 오노즈카 선생에게 던져 보았다. 경제활동 참가자, 즉 우리의 무지라는 문제를 경제학은 어떻게 다루는지가 궁금했기 때문이다. '정보의 비대칭성'이 노벨경제학상의 대상이 될 정도의 주제라면 어떤 정보를 얻는다 한들 이해할 수 없거나, 특정 정보가 상황 판단을 위해 필요하다는 것조차 모르는 '무지'도 경제학적 과제, 특히 경제사적 과제가 아닐까?

제1차 세계대전과 관련해 당시 정치인들은 무지했다. 그 전쟁이 19세기에 경험한 프로이센-프랑스 전쟁(보불전쟁, 1870~1871)과 크게 다르다는 사실에 관해 무지했고, 국가와 지역 간 경제 연쇄가 국가경제에 주는 영향에 대해서도 무지했다. 그 두 가지 무지가 중첩되면서 자나 깨나 전쟁만 벌였던 20세기라는 시대가 시작되었다는 것이 오노즈카 선생의 지적이었다. 당시 유럽 각국 간에 나타났던 무역의 상호 의존관계는 현대 상황과 비교해도 상상 이상으로 긴밀했다. 국가 간 연쇄가 가지고 온 혜택이 각국 경제에 대단히 중요했음에도 불구하고, 그것을 무너뜨리는 전쟁에 돌입했던 것이다. 정치가뿐 아니라 각 분야 리더들의 무지로 인해 '국가 간 상호 의존관계의 유지'가 '국내의 사회적 불만 잠재우기'보다 훨씬 중요하다는 인식이 약했던 탓일 것이다. 그때까지만 해도 연쇄가 본질인 '글로벌리즘', '글로벌화'라는 표현은 존재하지 않았다. 그런 개념 위에서 경제사회 현상을 바라보고, 특질을 이해하는 데 당시 정치인들이 실패한 것이다.

그런데 우리는 지금도 새로운 무지에 직면해 있다. 세상에는 글로벌리즘이라는 지역 연쇄뿐 아니라 다양한 분야의 연쇄가 진행되고 있다. 인터넷의 출현은 그리 먼 과거의 일이 아님에도 불구하고 이미 온갖 분야를 묶어 집어삼키고 있다. 그 결과 세상은 더 복잡해졌고, 속도도 빨라졌다. 우리는 항상 무지라는 상황에 처해 있다. 언젠가 도쿄대학 도시공학과의 모 교수가 퇴직 기념 강연에서 하신 말씀이 기억난다. 그분은 도시계획가는 더 이상 도시의 마스터플랜을 만들 수 없다고 하셨다. 그 이유는 도시라는 복잡한 유사 유기체가 속해 있는 다양한 사회경제 활동을 모조리 이해할 수는 없기 때문이라는 것이었다. 도시의 중요한 서브 시스템인 기업 활동만 해도 그렇다. 도시계획가가 기업 활동의 다양성을 다 알 수는 없는 노릇이다. '다종다양한 서브 시스템의 상호작용으로 성립되는 도시라는 동적 시스템을 이해하는 작업은 인간의 능력을 뛰어넘은 것이며, 하물며 그것을 디자인할 수는 없다'는 표현으로 바꿀 수도 있을 것이다. 마찬가지로 경제라는 보다 큰 동적 시스템에 대해 거시경제학자는 거시경제밖에 모르지 않을까라는 생각도 든다. 모든 문제를 거시경제학적 기법으로 해결하려는 것은 상황에 대한 편협한 파악이 아닐까? 누군가 이 질문에 답해 주었으면 좋겠다. 오노즈카 선생이 말한 '실패의 합리적 배경'의 일부와도 관련되어 있을지 모르겠다.

마지막으로 경제학이 수학을 구사하는 방식에 대한 의문을 이야기하고자 한다. 한 수학자가 무한대를 배제하지 않는 수식, 시간축과 무관하게 성립되는 수식을 경제현상에 사용하는 것은 이상하지 않느냐는 지적을 했다. 현실의 경제생활에는 무한대가 없고, 시간은 항상 과거로부터 미래를 향해 흐르기 때문이다. 경제학이라는 것은 동적 시스템으로서의 경제현상을 특정구간의 범위에 한해 수식으로 근사치를 내는 것 아닐까 추측해 본다. 만약 그렇다면 '어디부터 어디까지의 구간에 대해 이 수식으로 근사치를 낼 수 있다'는 점을 명확히 해야 하지 않을까? 최근의 몇몇 거품은 그 근사식이 성립하는 한계 범위를 넘어섰다는 것이 내 생각이다. 참고로 유체역학도 근사치를 쓴다. 하지만 물리과학의 세계에서는 현상이 시대에 따라 변화하지는 않기 때문에 근사식도 변하지 않는다. 하지만 인간 활동인 경제 현상은 변할 수 있다. 적어도 우리가 다루어야 할 변수만큼은 늘고 있다는 것이 아마추어인 나의 가설이다.

요코야마 요시노리

실패를
독창성으로
바꾸는 전략

도쿄대학 대학원 약학계 연구과 교수

이노우에 마사유키

井 上 将 行

유기합성화학

Masayuki Inoue

이노우에 마사유키

도쿄대학 대학원 약학계 연구과 교수 / 1971년 출생. 도쿄대학 이학부 졸업. 도쿄대학 대학원 이학계 연구과 박사과정 수료. 박사(이학) 취득. Sloan-Kettering Institute for Cancer Research 박사연구원, 도호쿠(東北)대학 대학원 이학연구과 조교수 등을 거쳐 현재에 이름. / 전공은 유기합성화학. '생물활성천연물의 전합성(全合成)'으로부터 전개되는 과학'을 연구 주제로 삼는다. 의약 및 생물기능제어 물질로 천연물을 응용하려면 그 3차원적 원자배열을 완전히 재현(전합성)할 필요가 있기에 그 전합성을 위한 반응·합성법·전략을 개발하는 데 힘쓰고 있다. / 2004년도 Merck Banyu Lectureship Award, 2004년도 일본화학회 진보상, Theime Journal Award 2005, Novartis Chemistry Lectureship 2008/2009, 2009년도 일본학술진흥회상, 2014년도 Mukaiyama Award 등 수상 다수.

화학적으로 약을 만들려면 해당 물질의 원자배열을 완전히 재현해야 한다.
그 지난한 과정에 천연물을 응용해 도전, 합성법 개발에 나선 연구자가 있다.
Novartis Chemistry Lectureship 등 해외에서도 수많은 수상을 한
이노우에 마사유키의 방법론을 들어본다.

요코야마 이노우에 선생님께서는 신약 개발을 위한 유기화학을 연구하고 계
십니다. 사실 저는 고등학생 때 화학을 싫어했습니다. 시험 때만 되
면 벼락치기로 외운 내용을 답안지에 토하듯 적어 놓고는 이내 깡
그리 잊어버리곤 했어요.

이노우에 그런 분들이 많지요. 초등학교 시절 한자 공부도 그렇지 않
습니까? 처음에는 거부반응을 보이지만 한번 이해하게 되면 친근
감을 느낄 수 있는 분야라고 생각합니다. 시작할 때는 벽이 높지만
그걸 넘어 보면 쉬워지고 익숙해지지요. 화학은 새로운 언어를 배

운다는 각오가 있어야 해요. 화학과 물리학을 비교할 때 제일 큰 차이점은 화학에는 전제조건이 엄청나게 많다는 겁니다. 고등학교 수준에서도 그 차이가 분명하게 드러납니다. 교과서만 봐도 알 수 있어요. 물리학에서는 중요한 식이 한두 개밖에 안 나오지만, 화학에서는 'A는 B와 섞으면 침전한다'라든지 'B는 C와 섞으면 희한한 반응이 일어난다'라는 이야기가 정말 많이 나오거든요. 총 지식량, 총 단어량이 많다는 점이 화학의 특징이지요. 그래서 도쿄대학 EMP에서 강의하기가 상당히 어렵습니다.

예를 들어 강의 중에 자주 나오는 **분자 구조식은 화학자들에게는 언어예요. 그 언어를 상대가 전혀 모를 경우에는 우선 기본적인 규칙부터 가르쳐야 하거든요.** 분자 결합의 방식에도 문법이 있기 때문에 그걸 외워야 하니까요. 그런 부분을 상대에게 전하려면 어떻게 해야 할지를 항상 고민하는 거지요. 제 경우에는 처음에 약의 구조식을 내놓으면서 '이것은 여러분에게 새로운 언어이며 규칙입니다'라고 시작을 합니다. 그런 다음에 이야기를 풀어갈 실마리로 노벨 화학상을 수상하신 다나카 고이치(田中耕一)[98], 네기시 에이치(根岸栄一)[99],

---

98) 1959~현재. 화학자, 공학자. 생체고분자의 질량분석법을 위한 '탈리 이온화법'을 개발한 업적으로 2002년에 노벨 화학상을 수상했다.

99) 1935~현재. 화학자. 유기합성의 팔라듐 촉매의 교차 짝지움 반응(Cross Coupling, 두 개의 화학물질을 선택적으로 결합시키는 반응)에 관한 업적으로 스즈키 아키라, 리처드 헥(Richard F. Heck)과 함께 2010년 노벨 화학상을 수상했다. 일반적으로 성공 가능성이 떨어지는 조건에서도 팔라듐 촉매를 이용해 고도로 복잡한 유기화합물을 쉽게 합성하는 길을 열었다.

스즈키 아키라(鈴木章)[100] 선생님들을 언급해서 수강생들이 뉴스 등에서 들었던 기억을 살려 이미지를 떠올리게 합니다. 과학의 세계에서는 노벨상이 가장 임팩트가 있기 때문이지요. 그리고 가능한 한 제 전문 분야와 잘 연결시켜서 강의를 구성합니다. 또 수강생들의 이해 범위가 다르기 때문에 몇 가지 단계를 준비해 둡니다. 전문적 내용을 이해하는 두세 명부터, 화학식만 보면 알레르기 반응을 일으킬 것 같은 사람들까지 모두 어느 지점에서는 자신의 지식, 경

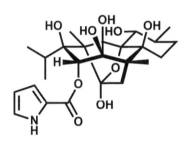

전합성하고자 하는 분자의 구조식

험과 연계할 수 있도록 기본적인 단계에서부터 전문적인 단계까지를 준비하지요. 그렇게 해서 마지막에 가면 '새로운 언어라 잘은 모르겠시만 이 언어는 인간에게 도움이 된다'는 이야기를 할 수 있도록 수업 내용을 조절합니다.

화학이라는 분야는 내용을 시각화하기 어렵지요?

정말 어렵습니다. 저희는 물질의 구조를 나타내기 위한 구조식을 자주 그리는데요, 그건 원래 분자의 성질과는 관계가 없거든

---

100) 1930~현재. 화학자. 팔라듐 촉매의 교차 짝지움 반응에 관한 업적으로 네기시 에이치, 리처드 헥과 함께 2010년 노벨 화학상을 수상했다.

요. 분자 모형도 플라스틱으로 만들어져 있어서 진짜 분자의 성질과는 전혀 무관합니다. 지금 제가 들고 있는 모형은 눈으로 확인할 수 있도록 크기를 1억 배로 키우고 단순화시킨 모델이에요. 진짜 분자는 이런 모양이 아니지요. 눈에 보이지 않는 것을 알기 쉽게 추상화시킨 것이라 생각하면 됩니다. 화학을 배울 때는 그런 추상화라는 방법을 이해해야 합니다.

이노우에 선생님께서는 언제부터 이 분야에 관심을 가지게 되셨습니까?

고등학교 때부터 유기화학 과목을 좋아했어요. 합성을 해서 하얀 분말을 얻고, 노란 결정이 생기는 현상을 보는 게 좋았지요. 실험을 통해서만 경험할 수 있으니까요. 저는 분자의 모양 자체에 관심이 있었습니다. 그런 삼차원 세계를 머릿속에서 구성하는 능력이 있었던 것 같아요. 그런 상상이 잘되면 화학에 도움이 됩니다. 대학원에 들어가서는, 한편으로는 제가 어느 정도 이 분야를 잘할 수 있을 거라는 생각이 들기도 했고, 또 다른 한편으로는 역부족이 아닐까 하는 생각도 들었습니다. 그런 와중에 저 자신의 가능성을 시험해 보고 싶다는 생각을 하게 되었고, 그게 유기화학 분야로 나간 제일 큰 동기가 된 것 같습니다. 저라는 사람이 이 분야에 얼마나 기여할 수 있을지 궁금했거든요. 연구 주제는 그때그때 달라지지만 나 자신의 능력을 시험해 보자는 생각은 연구를 지속하는 데 있

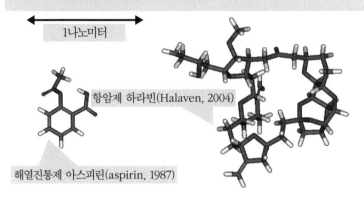

크기 1nm(나노미터, 10억 분의 1m), 분자량 200~1000의 의약 분자를
1m로 확대하면 인간의 몸은 달의 공전궤도 정도의 크기가 된다.

1나노미터

항암제 하라빈(Halaven, 2004)

해열진통제 아스피린(aspirin, 1987)

유기화학의 세계

어서 아직도 가장 큰 원동력이 되고 있습니다. 학창시절과 비교하면
참 많은 일들을 할 수 있습니다. 팀도 꾸리고 있고요. 지금은 아이
디어도 늘었고, 그 아이디어들을 시험할 환경을 만들 수 있는 단계
에 와 있지요.

연구 분야 자체의 가능성도 넓어지지 않았을까요? 전에는 폐쇄적
이었던 분야가 시대의 흐름을 타고 갑자기 변화를 일으키기도 했
지 않습니까?

맞습니다. 제가 대학원에 진학했을 무렵이 그랬어요. 천연물

에서 얻은 몇 가지 물질의 구조와 기능이 자세하게 밝혀져 그 기능을 적극적으로 이용할 수 있게 되었지요. 예를 들면 '타크롤리무스(Tacrolimus)'라는 약제가 있습니다. 장기이식 거부반응을 없애는 데 쓰는 아주 유명한 약인데요, 이 약은 원래 1980년대에 다양한 균을 조사하는 과정에서 발견되었습니다. 그 과정에서 기능이 알려져 실제 약으로 사용되었어요. 그 일을 계기로 유기화학과 생물적 지식, 경험이 결합되면서 1990년대 초에는 이 분야의 낭만적 융성기가 찾아왔습니다. 대학원생 때 그런 시대적 흐름을 겪은 게 큰 의미가 있었다고 생각합니다. 그 후에도 몇 번인가 분야 자체의 가능성이 커졌고, 멋진 일들이 일어날 것 같은 시대적 전환이 있었습니다.

학문적으로는 유기화학적 메커니즘을 설명할 수 있어야 비로소 제대로 알았다는 말을 할 수 있겠지요?

우선은 아주 근본적인 이해가 필요합니다. 약으로 치면 약의 분자가 어떤 작용을 할 때 무엇에 대해 작용하는지, 그때의 신호 전달방식은 어떠한지를 알아야 전체를 안 거라고 할 수 있습니다. 신호 전달방식의 분석이 훨씬 발전해서 연구에 본질적인 성과가 나타나게 되면 생물에 가까운 분야가 되지요. 그런데 **어떤 메커니즘을 알아갈 때 이해방식에도 층위가 있어요.** 예를 들어 아스피린의 경우 '통증에는 COX(콕스)라는 단백질이 관련되어 있다는 사실을 알았다'는 것이 첫 번째 층위입니다. 그런데 '이 COX 단백질의 구조를 알았다'도 첫 번째 층위, 나아가 'COX가 다른 물질과 관련이 있다'는 것도 첫 번째 층위예요. 이해방식이 달라도 같은 층위인 겁니다. 그런 것들을 다 이해한 다음에, 화학적 분해능이라는 측면에서 유기분자와 단백질이 구조적으로 확실히 붙어 있는 모습이 보이고, 그것이 실제로 진통에 효과가 있는 단백질이라는 사실이 분명해졌을 때 비로소 '알았다'는 표현을 씁니다. 인류는 오래 전부터 자연계에서 얻어온 어떤 물질에 진통 작용이 있다는 사실을 알고 있었고 그것을 이용해 아스피린이라는 약을 만들어 썼습니다. 그런데 그 약이 진통을 억제하는 구조를 아는 데까지는 많은 시간이 걸렸습니다. 통증에 관련된 단백질의 구조를 알기까지도 그랬고요. 즉 그들의 형상이 시각적으로 이해되기까지 세월이 걸렸다는 이야기입니다.

통증과 열을 일으키는 프로스타글란딘(prostaglandin)을 만드는 단백질(COX)

아스피린

아스피린은 프로스타글란딘을 만드는 단백질 효소에 붙어 진통작용을 나타낸다. (그림은 WIKIMEDIA COMMONS에서)

아스피린의 작용

서로 다른 네 가지 원자 또는 원자단과 결합한 탄소
(부제탄소, Asymmetric carbon)

시각화가 역시 중요하군요. 실제 형상과는 전혀 다르더라도 논리에 따라 추상적으로 조립한 그림이나 모형을 이용해서 다른 사람들과 의사소통을 할 수 있으니 말입니다.

유기화학 분야의 최소 단위는 탄소예요. 네 가지 결합이 가능하기 때문에 사면체적인 물질이라 부르는데, 그 특수한 형태가 어우러져서 유기화합물 전체의 형태를 만들고, 약이 될 수 있는 중요한 형태를 이루게 되지요. 그래서 추상적이라 할지라도 서로 어떤 작용을 하는지 알아야 하기 때문에 형태를 상대방과 공유하는 겁니다.

약의 세계에도 예전에는 경험칙이 먼저 있었고, 그것을 나중에 과학이 증명하는 흐름이 주류였습니다. 그런데 지금은 순서가 역전되어 과학적 연구가 선행되고 나서 그것을 바탕으로 무언가가 만들어지는 상황이 된 것 같습니다.

유기화학 쪽은 꼭 그렇지는 않습니다. 예를 들면 분자를 만들 때는 경험칙이 상당히 중요한데, 저희들은 그 경험칙을 만드는 쪽이거든요. '분자 형태가 이런 경우에는 이런 반응을 나타내고, 이런 분자 변환은 일어나지 않는다'는 경험칙을 만들고 있는 거지요. 그것이 보다 일반성을 가지는 경험칙이었으면 좋겠다고 바라면서 작업을 합니다. 굳이 말하자면 **유기화학 분야에서는 데이터를 모아 경험칙을 만들고 그것을 이론화하는 방향이 많습니다.** 그런데 제약 분야는 약을 디자인할 때 컴퓨터 시뮬레이션으로 분자 형태를 예상해 새로운 물질을 만드는 방법도 씁니다.

아까 말씀하시기를 머릿속에서 삼차원적으로 작용이 일어나야 된다고 하셨는데, 약을 만들 때의 두뇌작용은 연역적이 아니라 가설 검증적 방식으로 일어나는 건가요?

그렇습니다. 가설 검증적 방식입니다. 예를 들어 어떤 분자에 어떤 부분을 붙여서 약을 만들 때, 다양한 방식이 있습니다. 원자 하나하나를 부분으로 파악할지, 또는 붙일 곳에 형태를 먼저 만들어서 새 부위를 끼워 넣을지 자유롭게 정할 수가 있거든요. 그래서 방식이 연구자에 따라 다릅니다. 사람들은 그 과정을 자주 등산에 비유합니다. 같은 산의 정상에 오를 때에도 등산로 입구부터 경로까지 다 다르지 않습니까? 그중에서 자기에게 맞는 방식, 자신이 잘하는 방식대로 진행 경로를 정하면 됩니다. 약을 만들 때는 가장 효과적인 경로를 발견해야 합니다. 물론 효과적인지 여부는 나중에 알 수 있습니다. **저는 과제설정을 어떤 식으로 하는가 하면, 우선 산의 정상부터 정합니다. 그런 다음에 정상까지 어떻게 빨리, 힘을 덜 들이고 비용도 적게 쓰고 오를지에 관한 방법을 만들어요.** 이런 저런 가능성이 무한정 있고, 각각 우열이 있을 겁니다. 노벨상을 받은 네기시 커플링[101]이나 스즈키 커플링[102]은 산에 오를 때 한 걸음의 보폭이 대단히 큰 방법을 만들었다는 공적을 인정받은 사례입니다. 첫걸음을 뗄 때 어느 지점부터 출발할지도 잘 파악해야 합니다. 그래서 저는 그 부분부터 디자인을 시작합니다. 산을 오르는 시작점 자체를 디자인하는 거지요. 보폭이 얼마면 도달할 수 있겠는지를 생각하면서 앞으로 나아가는 식입니다.

디자인이라는 말이 나왔네요. 이노우에 선생님께서 전공하시는 유기화학 세계에서는 자주 쓰이는 표현인가요? 디자인이란 것은 분

---

101) 팔라듐 촉매를 이용해 유기 아연화합물과 유기 할로겐화합물을 교차 짝지움(cross coupling)시키는 반응. 각주 99) 참조

102) 팔라듐 촉매에 의해 유기 붕소화합물과 유기 할로겐화합물을 교차 짝지움(cross coupling)시키는 반응. 1979년에 개발되어 혈압 강하제와 항암제 등 신약 합성과 전자소자에 사용되는 전도성 고분자 합성에도 널리 적용되는 혁신 기술이다. 각주 100) 참조

로살탄(Losaltan, 혈압강하제)

복잡한 분자끼리의 연결(커플링)이 가능

스즈키 커플링

석(analysis)과 대비되는 통합(integration)의 작업입니다. 분석에는 방법론이 있지요. 예전에 제가 몸담았던 경영 컨설팅 업계에서는 500개 정도의 기법을 구사할 수 있게 되면 한 가지 분석을 할 수 있다고 했습니다. 그 말인즉 분석은 누구나 할 수 있다는 거지요. 그런데 통합은 그렇지가 않습니다. 어지럽게 흩어진 것들을 통합하는 작업은 '이렇게 하면 된다'고 가르쳐 줄 수도 없는 거거든요. 즉 디자인에는 일반적 의미의 방법론이 없는 것입니다. 약을 만들 때도 '디자인' 개념이 중요한지 궁금합니다.

아까도 말씀드렸다시피 이쪽 분야는 경험칙에 의거하는 부분이 상당히 많기 때문에 자기 생각만으로는 성과를 내기가 비교적 어렵습니다. 저는 1할 타자 정도 될까요? 어쨌든 무엇을 디자인하느냐 하면, 잘될 수 있는 전체 전략을 디자인합니다. 하나하나의 계획은 별로 큰 성과를 못 내더라도 전체 틀 속에서 이런 방향으로, 이 산의 정상을 향해 오른다는 게 결정되어 있으면 총체적으로 뭔가 새로운 지점에 도달할 수 있다는 생각이지요. 새로운 지점이란 건 데이터를 얻는 방법일 수도 있고, 분자의 형태를 만드는 방법일 수도 있습니다. 그런 작업을 디자인이라 부르는 거지요.

디자인의 방법론은 아까 언급하셨다시피 가설 검증을 반복하는 것이고, 그렇기 때문에 정형적이거나 재현성이 높을 수 없습니다. 그런데 통상 최초 가설이 계속 살아 있으면 디자인의 흥미는 떨어집니다. 그렇게 되지 않으려면 최초 가설이 벽에 부딪히고 그것을 뒤엎는 과정이 필요하지요. 처음 것을 부정한 후 다음 가설을 다시 세워야 하는데, 정신적으로 대단히 힘든 과정입니다. 그렇게 가설을 몇 번이고 세웠다 부수는 일이 가능한지 여부는 얼마나 정신력이 강한지에 달려 있습니다. 디자인의 방법론에는 그런 과정도 포함된다고 봅니다.

맞는 말씀입니다. 저도 1할 타자니까 90%는 성공으로 이어지지 않습니다. 하지만 다음을 생각할 때는 그 90%의 데이터를 보고

　　　　　　　　도쿄대 리더육성 수업 · 문제해결의 사고력

방책을 정합니다. 처음 떠올렸던 것보다 실패한 후에 다시 생각해 내는 것이 세련되고 좋은 사례가 많아요. 그러니 우선은 시작부터 한 다음에 생각하자는 태도로 임합니다. 90% 틀린 정보를 얻더라도 나중에 전략이 세련되어지는 데에는 그 틀린 정보가 대단히 중요하니까요. 90%의 실패는 반드시 필요하고, 제게는 90% 쪽에 필연성이 있습니다. 누구나 당장 옳은 정보를 말할 수는 있습니다. 하지만 **지금 당장 불가능한 작업 속에 재미있는 디자인과 전략이 숨어 있습니다. 그리고 그것이 독창성으로 연결되지요.** 그렇게 하다 보면 처음에는 몰랐던 사실을 어느 순간 깨닫게 되고, 그 상태에서 새로운 작업을 시작할 때 디자인성이 나타나게 됩니다. 이 부분은 사람에 따라 방법이 달라지기 때문에 개인에게 맡겨진 자유로운 부분인데요, 그것이 바로 디자인의 과정이라고 생각합니다.

가설 검증을 반복하는 사고는 어떻게 훈련하십니까? 연구실 사람들에게 가르치고 물려주기 위한 방법론이 따로 있는지 궁금합니다.

우선 일정한 규칙을 가르칩니다. 나중에는 학생들도 실패를 통해 배우게 될 것이기 때문에 실패에 관해 함께 생각하는 과정을 거치게 하는 건데 '아, 이런 식으로 생각하면 이런 새로운 것들로 이어지는구나'를 배우게 합니다. 그렇게 해서, 실패한 경험과 실패에서 배워 다음으로 이어가는 경험을 자기 안에 새기고 쌓게 하는 것이지요. 우리 분야에서는 교육 과정처럼 되어 있습니다. 마치 장인들의 수련 과정 비슷해요. 누구나 실패를 하면 실망하기 마련입니다. 하지만 **우리가 실패한다고 무슨 큰일이 생기는 것도 아니고, 실패란 것은 내가 이렇게 되었으면 좋겠다고 희망한 일이 그대로 되지 않은 것뿐입니다.** 게다가 그 일련의 흐름이 일주일 정도이기 때문에 금방 마무리가 됩니다. 하루하루 '아, 오늘은 잘 안 됐다', '아, 오늘은 잘됐다'라고 느낄 수 있으니 재미있는 과정이에요. 그때마다 전략도 바뀌기 때문에 매번 실패만 하는 일은 없습니다.

발생생물학을 전공하시는 아사시마 마코토(浅島誠)[103] 선생님께서는 액티빈(activin)이라는 형성유도물질을 발견하는 데 15년이 걸렸다고 하셨습니다. 그 전에 50년 동안이나 전 세계의 연구자들이 도전히고 실패했던 것인데, '또 그 얘기냐?'라는 말을 들으면서도 지난 50년 동안 축적된 논문을 독파해 실패로 이어졌던 데이터를 다시 살펴보셨다고 합니다. 독일 유학 후 일본으로 돌아왔을 때 현장에서 들은 말이 '돈 없다, 장비 없다, 사람 없다. 자유는 주마'였다면서 말입니다. 오히려 환경이 그렇게 열악했기 때문에 실패에도 상관없이 15년 동안 연구를 계속할 수 있었던 거겠지요?

최종 목표인 정상에 서야만 무엇을 배울 수 있는 것은 아니지

---

103) 1944~현재. 도쿄대학 명예교수. 전공은 발생생물학. 세계 최초로 시험관 내 미분화세포로부터 장기 형성에 성공했다. 액티빈은 세포가 어떤 장기로 발전할지를 제어하는 물질이다. 본서 시리즈 『도쿄대 리더육성 수업 : 과제설정의 사고력』 참조.

요. 정상에 가지 않아도 그 사이에 새로운 발견의 기회는 많이 있습니다. 제 경우는 실패한 데이터를 논리적으로 해석해 다음 방안을 찾으면 그것이 작은 성공으로 이어지더군요. 그런 작은 성공이 점점 큰 방향으로 이어지면 그게 좋은 거라 봅니다.

실패에도 다양한 유형이 있다고 생각합니다. 흔히 세렌디피티라 불리는, '그런 의도가 아니었는데 어쩌다 보니 우연히' 새로운 결과를 얻는 예도 있습니까?

물론 있습니다. 흥미로운 결과는 그런 세렌디피티에서 나오는 경우가 많지요. 전혀 생각지 못한 일이 일어나서 새로운 주제로 이어지는 경우가 자주 있습니다. 예를 들어 해양생물인 해면(海綿)에서는 대단히 강한 독성물질을 얻을 수 있습니다. 그 독성물질 중에는 항암제로 사용되는 것도 있어요. 해면에서 얻은 독으로 아주 긴 분자를 합성했더니 보통 항암제의 천 배 정도 되는 강도를 가지더군요. 다음으로 그 긴 분자가 산산조각 난 짧은 물질도 합성했는데 그렇게 조각을 내도 독성이 약해지지 않는다는 사실을 확인했습니다. 정말 생각지도 못한 결과였습니다. 해면의 체내에는 다양한 미생물이 살고 있는데 미생물끼리 생존경쟁을 하는 와중에 다른 미생물이 늘어나지 않도록 독을 만들어서 몸을 지키는 물질을 분비해요. 그런데 그것이 해면에게도 외부의 적으로부터 몸을 지키게 해줍니다. 독을 만드는 미생물 입장에서는 그 독은 적을 공격하기 위한 미사일 같은 물질이지요. 통상 미사일을 가지고 있어도 적의 공격을 받아 박살이 나면 독성은 사라집니다. 즉 대사를 통해 독성이 없어진다는 것인데, 그 독은 대사되더라도 독성을 유지해서 적을 무찔렀습니다. 상당히 강력한 미사일이었던 겁니다. 최근에 밝혀진 내용입니다. 산산조각이 나도 독성을 유지할 수 있는 이유는 전혀 다른 유형의 활성을 몇 가지 지니기 때문입니다. 분자의 형태가 나선형인데 그 나선 속에 다른 패턴의 활성이 정보로서 포함되어 있는 느낌이랄까요? 그렇게 정보로 편성되어 있다는 사실을 저희가 합성을 통해 처음 밝혀낸 것이지요.

생물이 독성을 가지는 것은 살아남기 위해 주위의 적을 무찌를 목적이거나, 외적에게 잡아먹히지 않기 위해 몸을 보호하기 위한 목적 등 특정 목적이 존재하는 것입니까? 아무 목적 없이 독성을 나타내는 경우는 없는지요?

목적이 있다고 봅니다. 다만 그 목적을 우리가 모르는 경우가 많지요. 그런데도 목적이 있다고 생각하는 것이 합리적인 이유는 그런 독성물질을 만들려면 생물로서는 엄청난 에너지가 필요하기 때문입니다. 아무 목적 없이 헛수고만 하는 생물이 40억 년이라는 긴 세월 동안 살아남았을 리가 없다고 보는 거예요. 그러면 독도 어딘가에 쓰일 것이고, 우리가 아직 그 목적을 모르고 있을 뿐이라는 설명이 가능하지요.

기무라 모토오(木村資生)[104]의 중립진화설이나 이마니시 긴지(今西
錦司)[105], 제레드 다이아몬드(Jared Diamond)[106] 등이 지적한 '자
연계가 모두 합목적적인 것은 아니다'라는 생각도 일리 있지 않을
까요?

과학을 시작하는 단계에서는 합목적성을 가진 가설에서 시
작해야 합니다. 그렇지 않으면 이해할 수 없는 것투성이거든요. **'목
적은 모르겠지만 어쨌든 해보는 작업'이라는 자세로 과학을 시작
할 수는 없습니다. 합목적적인 것에서부터 시작했다가 틀렸을 때
그 합목적성을 수정할 수 있다는 것이 과학의 가장 좋은 점, 즉 자
기수정 능력 아닐까요?** 예를 들어 복어는 인간에게 잡아먹히지 않
기 위해 심술을 부리려고 독을 가지고 있는 것이 아니라 페로몬으
로 쓰기 위한 것이라는 가설이 있습니다. 인간이 먹으면 독이지만,
복어는 그 독성물질을 다른 목적 때문에 체내에 보유한다는 것이
지요. 하지만 한편, 그렇다면 왜 박각시(*Agrius convolvuli*)의 색과
무늬는 그러한가에 관해서는 필연성이 없을 수도 있습니다. 딱히 그

---

104) 1924~1994. 유전학자. 중립진화설이란, 분자 차원에서 일어나는 유전자 변화의 대부분
은 자연도태에 대해 유리하지도, 불리하지도 않으며(중립), 유전자의 변동으로 인한 돌연
변이가 유전자군이 진화를 초래한다는 설.

105) 1902~1992. 생태학자, 문화인류학자. 교토대학에서 일본원숭이, 침팬지 등의 연구를 통
해 영장류 연구의 기초를 닦은 인물.

106) 각주 56) 참조

색이나 무늬가 아니어도 상관없었을 겁니다. 얼룩말도 그렇지 않습니까? 줄무늬가 가로로 날 수도 있지 않았을까요? 그러니까 모든 것에 목적이 있다고는 생각지 않습니다.

자연계와 생물의 세계에는 다양한 물질이 있어 참 흥미롭습니다. 그런데 인간의 합목적적 관점 때문에 철저하게 무언가를 인위적으로 만들려는 시도는 없는지요? 가령 전자공학의 세계에서는 트랜지스터의 발명에 이어 마이크로컴퓨터, 시스템 LSI(System large scale integrated circuit)의 순으로 점점 큰 발전을 이루었습니다. 그 다음으로 논의 중인 것은 인간 두뇌 시뮬레이터인 실리콘 두뇌(silicon brain)입니다. 현재로서는 진척이 순조롭지 않지만, 어쨌든 자연계의 입장에서 보면 그런 것은 없어노 하등 문세될 일이 없음에도 불구하고, 실리콘 나노테크놀로지의 진화를 생물학적 진화로 치환시키는 데 인간은 점점 적응 중입니다. 그렇게까지 극단적이지 않다 하더라도 인간의 목적을 위해 함부로 무언가를 만들어 내는 전자공학적 사고가 이노우에 선생님의 분야에도 있는지 궁금합니다.

약이야말로 그런 분야입니다. 원래 자연계에 없었던 물질을 사람 몸속에 넣어서 마음대로 조정하지요. 그러니 100% 인공적 조정 방법인 겁니다. 자연계에서 나온 물질이라 해도 처음부터 인간 체내에 있던 물질이 아니고, 그 물질을 먹는다는 점에 있어서는 부자연스러운 게 분명하지요.

그런 인간 행위에 대해 자연이 보복이라고 할지, 고스란히 되돌려 주는 것은 아닌지 모르겠습니다. 유기화학 분야는 바이오테크놀로지나 유전자공학과는 어떤 관련이 있습니까?

자연의 보복을 받게 될지 어떨지는 알 수 없지요. 사실 그런 식으로 생각해 본 적은 없습니다. 바이오테크놀로지나 유전자공학과의 관계라……. 제가 보기에 그 분야에서 이루어지는 '유전자 전이(Gene Transfer)[107]를 통해 특정 단백질의 농도를 올리는' 일과 저희가 하는 '저분자 물질을 세포에 주입해 특정 단백질의 기능을 떨어뜨리는' 일은 기본적으로 별 차이가 없습니다. 결국 시스템에 대해 '빨간불이니까 멈추세요'라고 얘기하느냐, '파란불입니다. 길을 건너세요'라고 얘기하느냐, 그 정도 차이밖에 없을 것 같아요. 어느 쪽이건 시스템을 변혁해서 차량이 더 쉽게 다닐 수 있게 하고, 정체가 생기지 않게 하는 일이지요.

도시디자인 측면에서도 같은 이야기를 할 수 있습니다. '미니 플랜 어프로치'라는 개념이 있는데 도시 전체는 이미 너무 복잡해져서 설계가 불가능하기 때문에 변혁이 필요한 부분에 대해서 한계상황은 생각지 않고 미니 플랜으로 접근한다는 것입니다. 그렇게 하면

---

107) 세포 내에 특정 유전자 DNA를 인위적으로 도입해 새로운 유전적 특징을 가진 세포 및 그 세포의 특성을 가진 개체를 만드는 것.

유사 유기체로서의 항상성(Homeostasis) 등 넓은 의미에서의 자기 조정 능력에 의해 좋은 것들만 흡수되고, 그 한계상황은 전부 조정됩니다. 자기조정 능력을 해치지 않는 한 한계조건을 신경 쓰지 않고 미니 플랜을 파고들면 된다는 생각인 거지요.

약에도 자기조정 능력을 이용하는 경우가 있습니다. 이미지가 가까운 것은 백신이겠네요. 바이러스 조각 같은 물질을 자기 몸속에 넣어서 그 바이러스에 대한 항체를 늘림으로써 실제 바이러스가 들어왔을 때는 자기조정이 끝난 상태를 만들어 두는 것입니다. 다만 자기조정 능력에는 한계도 있습니다. 아무래도 치료가 어려운 질환이 있으니까요. 감염증의 경우에는 다른 생물이 체내에 들어오는 것이기 때문에 구별이 쉽습니다. 그래서 감염된 세포에만 약이 살 듣게 하면 되지요. 그런데 암의 경우, 몸 안의 세포가 암으로 바뀌는 것이기 때문에 원래 세포들과 같은 유전자를 가지고 있으면서도 증식이 전혀 다른 상태를 나타냅니다. 그러다 보니 조정을 하려 하면 암세포에 듣는 약이 결국 자기 몸에도 부담을 주는 것이지요. 그럴 때는 자기조정이 완벽하게 작동하지 않습니다.

'독으로 독을 다스린다'는 말도 있습니다. 일정량은 독이 되지만 그보다 소량일 때는 독이 아니라 반대로 약이 되는 경우가 있습니다. 그 역치는 가설에 근거해서 얻습니까, 아니면 세렌디피티를 통해 얻게 됩니까?

아마 제약회사에서 일하는 분들의 임무 중 하나가 그 역치의 폭을 가급적 다량 얻는 작업일 겁니다. 이 정도 농도까지는 약으로 작용하지만 그 이상의 농도부터는 독이 된다는 내용입니다. 농도 폭이 클수록 약으로 쓰기 쉽습니다. 그런데 체외에서 무언가를 주입할 때 모든 물질은 독입니다. 역치를 넘으면 소금도 독이고, 물도 10리터 마시면 독이 되지요. 커피도 한 사발을 단숨에 들이켜면 심장에 상당한 부담을 줍니다. 카페인에는 치사량이 있거든요. 모든 물질에 적당량이 있는 거지요.

앞으로는 어떤 방향으로 연구를 진행하실 생각이신지요?

제 연구의 중심은 지금까지 없었던 물질을 만들어 내는 것입니다. 아무도 가보지 못한 정상을 설정해서 그곳에 도달하기 위해 연구 중이지요. 그럼 어떤 정상을 설정할 것인가 하는 문제가 남습니다. 유기분자의 종류는 개의치 않지만, 저는 천연에서 얻어진 물질의 구조와 기능을 모티브로 한 신기능 분자를 만들겠다는 목표를 가지고 있습니다. 천연물은 복잡한 구조를 가지고 있는데, 왜 그런 구조를 띠는지에 관한 이유를 우리는 아직 모릅니다. 자연이 디자인한 방식이 무언가 있을 텐데 그 방식이 알려지지 않은 것이지요. 자연계는 왜 그런 구조의 물질을 만들었는지, 그 목적을 알려면 직접 천연물을 조사해야 합니다. 그런 조사를 통해 비밀을 밝히고 싶습니다. 즉 **자연이 디자인한 물질을 재디자인 하는 것이 제가 나**

아가고자 하는 방향인 것입니다.

연구를 하실 때 일본인, 서양인이라는 점이 차이를 가져오기도 하나요? 뉴턴은 직업이 뭐냐는 질문을 받으면 '신학자'라고 대답했다 합니다. 신은 전능하고 세상을 완벽하게 만드셨으니 자연의 섭리는 지극히 단순명쾌한 수식일 거라는 신념이 있었던 거지요. 그런 기독교적 자연관과, 구카이(空海)[108]나 신란(親鸞)[109] 같은 일본 승려들의 불교적 자연관은 크게 다릅니다. 그 같은 무의식적, 문화적 차원에서 나타나는 상호 차이가 연구의 방향성에 영향을 줄까요?

영향이 있는 것 같아요. 제가 보기에는 자연계에서 얻은 물질을 분석하겠다는 접근은 일본식 사고에 가까운 것 같아요. 실제로 그 분야는 일본인 연구자들이 아주 강한 부분이고요. 노벨 화학상을 수상하신 시모무라 오사무(下村修)[110] 선생님은 평면해파리(*Aequorea coerulescens*)에서 녹색 형광단백질을 발견하셨는데, 이것도 원래 자연계를 연구하는 과정에 시작된 것이지요. 일본인들은 천

108] 774~835. 헤이안 시대(平安, 794~1185) 초기의 불교 사상가이자 진언종(眞言宗)의 창시자.

109] 1173~1262. 가마쿠라 시대(鎌倉, 1185~1333)의 불교 승려로 정토진종(淨土眞宗)의 창시자.

110) 1928~현재. 생물학자. '녹색 형광단백질의 발견과 개발'을 통해 시모무라 씨를 포함한 세 명이 2008년 노벨 화학상을 수상했다. 시모무라 씨는 평면 해파리에서 녹색 형광단백질을 분리, 정제했고 자외선을 쬐면 녹색으로 빛난다는 사실을 발견했다. 형광단백질은 단백질에 태그를 붙이는 데 사용되거나 유전자가 발현되는 과정을 추적하는 데 사용된다.

연물질과 생물로부터 신기한 것들을 얻는 작업을 잘해요. 한편 일본적이지 않다고 할 수 있는 부분은 아까부터 화제에 올랐던 '디자인'이라는 말이 많이 쓰이는 연구인 것 같습니다.

일본에서는 어린 시절에 개구리나 도롱뇽을 실컷 접하고 자란 사람들이 생물 연구자가 되는 경우가 확연히 많은 것 같습니다. 환경이 그랬으니 개구리로 실험을 해보겠다는 생각을 자연스레 할 수 있어서일까요? 사막에 사는 사람들은 개구리를 쉽게 떠올리지 못할 것 아닙니까?

사막이라 하면 유대인이 먼저 떠오르네요. 실제로 그들 중에 자연계의 물질을 발견한 사람은 적고, 유기물을 합성하는 사람들은 많은 것 같기도 합니다. 그들은 전략을 세우고 디자인을 하는 데 뛰어나요. 다만 어떤 작업을 잘하고 못하고가 그 사람이 자란 자연과 사회환경 때문이라고 단언하기는 어렵겠지요. 이쪽 분야는 규칙이 확실히 서 있기 때문에 비교적 가르치기 쉬운 분야입니다. 하지만 상상력이 아주 중요합니다. 따라서 연구에도 개개인의 개성이 크게 작용합니다. 그리고 또 하나, 생물에서 무언가를 얻는 작업은 가르치기 어려운 분야라고들 합니다. 본인이 흥미로운 현상을 우선 발견해 와야 하고, 하다못해 뒤쥐(*Sorex caecutiens*)는 체내에 마취물질을 가지고 있다는 따위의 지식도 갖추어야 해요. 그런 감성이 요구되지요.

그렇다면 연구실은 다양한 감성의 소유자들을 모아 구성하는 것이 좋겠습니까, 아니면 감성이 예민한 사람에게 디자인 감각을 심어 주는 것이 좋겠습니까? 물론 디자이너는 쉽게 키울 수가 없습니다. 학부에서 건축과를 나와 설계사무소에 취직했을 때, 상사가 그런 말을 하더군요. '엔지니어는 작은 실수는 하지 않지만 큰 실수를 한다'고 말입니다. 즉 '건축가란, 항상 주어진 한계조건 속에서 작업하는 사람이 아니라 한계조건을 정하는 주체다'라는 가르침이었습니다. 디자이너를 쉽게 키울 수 없다는 말은 그 한계조건을 정하겠다는 의지를 가지게 하는 것 자체가 어렵기 때문인데, 이노우에 선생님은 의식적으로 그런 교육을 하고 계신지요?

한계조건을 설정하는 작업은 교육으로 해결할 수 있습니다. 그 조건 안에서 어떤 일을 할지에 관해서는 각자가 결정해야 하고, 결정 방식도 스스로 배워야 하지만 말입니다. 어떤 분야나 마찬가지겠지만 필요한 능력이 하나만 있는 것이 아닙니다. 대략 다섯 개 정도 있다고 합시다. 그 다섯 가지 능력 중에서 어느 하나는 특출나게 뛰어난데 다른 하나는 '0'인 사람만 아니라면 연구자가 될 수 있습니다. 능력이란 것은 산술적으로 더해지는 것이 아니라 곱셈 같은 효과를 나타내기 때문에 어느 하나가 '0'이면 곤란합니다. 자기가 무엇을 잘하는지, 그 능력이 얼마나 뛰어난지는 팀 안에서 어느 정도 알 수 있고요.

필요한 능력도 다양합니다. 세간의 주목을 받을 만한 새로운 성과를 내는 데는 서툴지만, 다른 사람이 낸 성과를 잘 설명하는 데는 뛰어난 재주를 보이는 사람도 있고 말입니다.

흔히 볼 수 있는 사례지요. 이쪽에서는 슬쩍 언급했을 뿐인데 그 부분을 아주 명확하게 설명해서 되돌려 주는 사람들이 있어요. 연구자에게 설명능력, 언어능력은 아주 중요합니다. 특히 약학처럼 다양한 영역의 전문지식과 경험이 필요한 분야에서는 복수 영역을 이해할 수 있는 정보처리 능력이 있어야 합니다. 어떤 분야 사람들과도 대화를 나눌 수 있는 언어능력까지 높으면 더 좋고요. **저는 대학에서 가르치는 일을 하면서 정보적인 작문이 아니라 논리적 글쓰기**(Logical writing)**를 교육의 초기단계에서부터 실시해야 한다고 절실히 느낍니다.** 중학생 때부터 가르쳐야 한다고 봐요. 우리에게 필요한 언어능력은 논리성입니다. 질문을 받았을 때 사람은 머릿속에서 답을 구성해 말을 하게 됩니다. 그런데 그 구성 부분이 훈련되어 있지 않아서 마치 능력이 없는 것처럼 비칠 때가 있습니다. 논리적 글쓰기가 제대로 되면 조금 더 잘 전달될 텐데 말입니다. 대학 4학년 때, 또는 석사 과정에 들어갈 무렵이 되어서야 현실적으로 꼭 필요하니까 어떻게든 시작해 보려 애를 쓰는 게 실상입니다. 그런데 저는 논리적 글쓰기 능력이 영어회화보다 더 중요하다고 생각합니다.

연구를 할 때는 노하우란 것도 상당히 중요할 텐데, 은사님으로부

도쿄대 리더육성 수업 · 문제해결의 사고력

터 말로라도 전승받은 것이 있으십니까?

어느 정도는 있습니다. 그런데 저는 대학원 시절, 박사과정 연구원 시절, 조수와 조교를 하던 시절에 다 다른 세 분의 선생님 밑에 있었습니다. 그런 의미에서는 세 분의 방법이 섞여 있는 거지요. 여러 선생님들과 함께 연구한 경험은 독창성을 키운다는 의미에서는 좋았던 것 같습니다.

연구 성과가 어디까지 실현되면 성취감을 맛볼 수 있는 걸까요? 세상 사람들이 말하듯 논문이 《네이처(Nature)》나 《사이언스(Science)》에 게재되면 느낄 수 있습니까?

그런 유명 학술지에 실리면 기쁘지요. 그렇지만 성취감과는 조금 다른 느낌 아닐까요? 확실히 정치적 면에서는 유명 학술지에 게재되면 다음 예산을 따기 쉬운 부분은 있습니다. 뭐니 뭐니 해도 연구자들은 예산에 벌벌 떠는 족속들이니까요. 그러니 그런 성과도 있는 게 좋아요. 하지만 역시 가장 기쁜 순간은 팀원들이 뭔가 목표를 달성했을 때, 또는 전혀 뜻하지 않았던 좋은 결과를 얻었을 때겠지요. 특히 후자는 정말 기분이 좋아요. 지금까지 없었던 것이 창출되고, 기존에 못했던 것들이 가능해지는 거니까 《네이처》나 《사이언스》급의 성과인지 여부는 둘째 치고 일단 그건 새로운 사실이거든요. 그렇게 늘 성과를 의식하면서 돈 걱정도 해야 한다는 점에서 연구는 '자금 마련에 고생하는 중소기업 사장보다 힘든 일'이라는 말을 종종 듣습니다. 돈이 없다고 내일부터 연구를 접을 수도 없고 말입니다. 어느 정도의 예산을 항상 저장해 둬야 합니다. 일본말에 '자전거 조업'이란 말이 있지요? 쉬지 않고 페달을 밟아야지, 그렇지 않으면 바로 쓰러져 버리는 거예요. 그래도 돈을 쉽게 받을 수 있다면 연구자가 비정상적으로 자기 연구에만 집착하게 될 우려도 있을 것 같습니다. 연구자는 모름지기 예산을 따낼 때 다양한 분야 사람들에게 자신의 연구 가치를 어떻게 하면 잘 전달할 수 있을지를 생각해야 합니다. 자신의 연구를 다른 계통 사람들은 어떻게 받아들일까, 또 같은 과학계가 볼 때는 어떨까 하는 부분을 자기 머릿속에서 정리해야 한다는 의미에서는 이런저런 걱정도 좋은 과정이라고 봅니다. 일종의 자기 트레이닝이지요.

도쿄대 리더육성 수업 · 문제해결의 사고력

신약 개발과 사회 시스템

이노우에 선생과 대담하는 중에 몇 번이나 '디자인'이라는 표현이 등장했다. 대단히 인상적이었다. 통상 디자인은 '만질 수 있고 눈에 보이는' 건축이나 가구, 자동차, 가전제품 등의 분야에서 사용하는 말인데, 최근에는 '만들 수 없고 보이지도 않는' 정보 시스템이나 스마트폰의 OS 소프트웨어 등에도 사용된다. 신약 개발은 '만질 수 있고 눈에 보이는' 작업임에도 불구하고 '봐도 모른다'는 의미가 더해짐으로써 또 다른 유형의 디자인이다. 우리는 이미 꽤 오래전부터 '약물 디자인(drug design)'이라는 표현에 전혀 부자연스러움을 느끼지 못하며 산다. 위염과 위궤양에 쓰는 H2 차단제(H2 blocker,

상품명 타가메트(Tagamet), 가스터(Gaster), 잔탁(Zantac))는 기존에 위산을 중화시키던 대증요법적 약물과는 달리 위산이 나오는 메커니즘을 밝혀 그것을 차단하도록 디자인된 약이다. 이 약물은 1970년 대에 영국의 제임스 블랙(James Black, 1924~현재) 박사가 개발해 1985년부터는 일본에서도 사용해 왔다. 당시 엄청난 시대가 왔다고 생각했던 기억이 있다. 블랙 박사는 그 공적으로 노벨 생리의학상을 수상했다. 1945년에 노벨 생리의학상을 수상한 알렉산더 플레밍(Alexander Fleming, 1881~1955)은 푸른곰팡이에서 우연히 페니실린을 발견했는데, 천연 세균이 방출하는 생리활성물질이 어디에 효과가 있는지를 다양하게 확인한 당시의 작업은 오늘날 대부분의 약물, 특히 항생물질을 만들어 내는 방법과 동일하다. H2 차단제는 방법상 그와는 달리 타깃을 정하고, 그에 이르는 메커니즘에 관해 가설을 세워서 화학물질을 논리적으로 조립한 점이 획기적이었다. 그 후 바이오테 크놀로지의 시대가 왔고, 1980년대에 이르러 사람들은 인터페론이 암 특효약이 될 거라 환호했다. 하지만 몸속에 미량밖에 존재하지 않는 인터페론(나아가 혈전용해제인 t-PA까지도)의 생리활성물질을 유전자 변형한 대장균 등을 이용해 대량으로 생산만 했을 뿐, 생산기술 획득으로서의 의미를 넘지 못하는 작업으로 끝났다. 거기에는 새롭게 물질을 디자인하고 만들어 낸다는 발상이 없었다. 현재의 바이오테크놀로지는 항체 의약, 게놈 의료라는 방향을 지향한다. 개개인의 유전 특성에 맞추어 목표로 삼은 정확한 대상만을 노려 효과적으로 치료하는 방향이다. 게놈 해석과 모델 시뮬레이션 등 정보과학의 진보와 연결된 최첨단 분야다. 유전 특성에 맞춘 치료를 계획하는 작업도 넓은 의미에서는 디자인이라 할 수 있을 것이다. 이노우에 선생이 말하는 '디자인'은 이들 흐름과는 조금 의미가 다르다는 느낌이 들었다.

선생은 자연계에서 얻은 생리활성물질의 메커니즘을 분자 차원에서 해명하고, 그와 다른 물질을 화학합성으로 만들어 내는 과정을 디자인이라 부른다고 이해했다. 표현을 달리하면 인체라는 유기체가 가진 자기생성 시스템(autopoiesis)적 방식이 아니라 밖으로부터 접근하는 타자생성 시스템(allopoiesis)적으로 관계한다는 의미에서 디자인이라는 개념이 될 수도 있겠다. 오랫동안 사회 시스템을 디자인하면서 '사회'라는 자기생성 시스템을 대상으로 타자생성 시스템적 관계를 맺으려 한 나의 작업과도 기묘한 유사점을 느꼈다. 둘 다 다이내믹한 요소를 내포한다는 특색이 있다. 사회는 너무 복잡해 당연히 그 전체를 디자인할 수 없다. 그래서 미니 플랜 어프로치를 통해 한계조건을 너무 생각지 말고 우선은 사회의 서브 시스템을 디자인한 후, 그것을 사회 전체에 편입시켜야 한다. 물론 유사 유기체인 사회는 자기생성 시스템인지라 자기조정 능력을 발휘해 유익한 것은 흡수하고 그렇지 않은 것은 내뱉기 때문에 한계 영역의 어딘가에서 기능부전을 일으키기도 한다. 그 경우는 기능부전을 개선할 다음 미니 플랜을 계속 도입하게 된다. '홀리스틱 의학(holistic medicine)[111]'처럼 생

---

111) 'holistic'이란 '전체적, 총체적'이라는 의미. 홀리스틱 의학은 의료를 '환자와 의료자'의 관계로 본다. 현대의학뿐 아니라 동양의학, 심신의학, 식품영양학 등의 요법까지 병행하고 영혼까지 포함해 인간을 파악하는 개념.

명 전체를 파악한 개념이 있으나 실제로는 아직 완성된 개념이 아니다. 이노우에 선생이 생각하는 약은 사회에 대한 타자생성 시스템적인 미니 플랜과 같은 형태로 인체에 적용하는 것 아닐까? 인체의 경우, '병은 환자 스스로 고치는 것이며 의사는 도움을 줄 뿐'이라는 개념을 적용할 수 있으나 사회는 진짜 유기체가 아닌 탓에 그런 치유능력이 없다. 그래서 사회에 대해서는 의약처럼 임상시험을 할 수도 없고, 환자 한 사람처럼 일부에 대한 판단만으로 어떤 결정을 내릴 수도 없다. 즉 민주주의적 과정 속에서 얻어진 시민의 공감대가 필요하다. 그 과정에서 얻은 타협으로 인해 효과가 떨어질 수도 있다. 그것이 사회 시스템 디자인과 신약 개발 디자인의 큰 차이이며, 유추(analogy)적 사고에 한계가 있음을 새삼 느낀 대담이었다.

요코야마 요시노리

도쿄대 리더육성 수업 · 문제해결의 사고력

도쿄대 리더육성 프로그램에 대하여

　명칭이 비슷하다는 이유로 도쿄대학 리더육성 프로그램 (Executive Management Program)을 MBA(Master of Business Administration)나 EMBA(Executive MBA)로 생각하는 이들도 있겠지만, 도쿄대학 EMP는 그들과는 달리 경영기법이나 리더십론을 가르치지 않는 학문 융합적 고위 경영자 교육 과정이다.

　독특하게도 도쿄대학 리더육성 프로그램에서는 강사들이 기존의 지식은 다루지 않는다. 수강생들은 사전에 제시된 자료나 문헌을 통해 기존의 지식을 미리 습득해야 하고, 강의 시간에는 강사와의 대화를 통해 전인미답의 과제에 대한 해결책을 모색한다. 플라톤 이래로 대화 형식은 과제를 설정하고 문제를 해결하는 데 가장 유용한 방법이었다. 이런 방식의 수업을 따라가기 위해 수강생들은 반 년 동안 200~300권 정도의 문헌을 소화해야 한다. 과제 도서의 60~70%는 수학, 물리, 의학, 생물학, 공학, 동물행동학 등의 이과 계열 서적이고, 나머지 30~40%는 철학, 역사학 및 종교학 문헌이다. 필독도서 목록만 받아도 수강생들이 등록한 보람을 느낀다고 하여 도쿄대학 리더육성 프로그램의 도서 큐레이션은 언론에 수차례 소개되기도 했다.

이 프로그램이 과학의 비중을 높게 잡고 사이언스 리터러시 (Science Literacy : 과학 분야의 문해력)의 획득을 중시하는 이유는 교양의 개념을 새롭게 파악하기 때문이다.

"교양의 유래는 12~13세기 유럽의 대학이 신학, 법학, 의학 학부에 진학하기 전에 문법, 수사학, 논리학 등의 3학과 산술, 기하, 천문, 음악 등의 4과를 포함한 일곱 개 자유학예(art liberales)를 공부하게 했다는 데서 찾을 수 있다. 당시의 일곱 개 과목 중에는 오늘날 '과학'의 개념이 없었지만 현대인에게는 과학 없는 교양은 있을 수 없다." (과제설정의 사고력 편 '발생생물학' 中)

이 같은 철학적 바탕을 이해하고 나면 전체 구성을 비롯한 많은 부분에 기꺼이 고개가 끄덕여지리라 본다.

다극화하는 세계 속에서 모든 분야가 '상호 연쇄'를 일으키는 시대다. 2008년 리먼 브라더스 사태로 시작된 글로벌 금융위기가 보여줬듯이 이제 지역이나 분야의 구분, 장벽은 무의미하다. 그런 가운데 일본에서는 2011년 동일본 대지진으로 인한 원전사고가 일어났다. 일본인들은 그 엄청난 재난을 통해 지진, 원자력, 복지 등 특정 분야의 전문가만으로는 새로운 문제에 제대로 대응할 수 없다는 교훈을 얻었다. 도쿄대학 리더육성 프로그램은 바로 그런 깨달음을 통해 분야 융합적 수업을 통해 새로운 도전에 효율적으로 대처할 수 있는 리더를 육성하기 위해 설립되었다고 한다. 그래서 한 달에만 1천만 원가량 드는 학비에도 이 수업에 참여하기 위한 리더들의 경쟁은 치열하다.

이 책은 독자 입장에서는 여러모로 낯설다. 각 장에 소개된 전문 분야와 용어 자체가 생경할뿐더러 줄기세포에서 중국철학으로 그리고 다시 은하천문학으로, 분야의 경계를 훌쩍훌쩍 뛰어넘는 구성을 따라잡으려면 엄청난 에너지가 필요하기 때문이다. 하지만 인류가 획득한 최첨단의 지적 성과를 읽는 이가 미처 준비하기도 전에 돌직구로 던져 주는 패기는 우리가 맞딱뜨릴지도 모를 새로운 문제와의 대면이란 측면에서 오히려 이 책의 미덕임에 틀림없다.

이 책은 구성 면에서 도쿄대학 리더육성 프로그램 수업의 축소판이라 할 만큼 문과(文科)와 이과(理科) 계열의 구성 비율이 흡사하다. 또 실제 강의가 다양한 분야의 관련성을 강조하는 것처럼 석학들과 인터뷰를 진행한 요코야마 요시노리(橫山禎德) 씨가 분야

간 연속성, 관계성을 끊임없이 일깨우려 애쓴 점은 주목할 만하다. 또 해당 분야 최고 권위자와의 대화라는 방식을 통해 가장 단순하고도 짧은 길로 학문의 본질에 육박해 들어가는 점도 대단하다.

첫째 권은 석학들의 과제설정에, 둘째 권은 문제해결에 초점이 맞춰져 있다. 두 권은 동일한 형식으로 짜여 있지만 전체가 다 전문분야의 난해한 내용만 담고 있는 것은 아니다. 오랜 역사 속에서 인류가 어떤 포부와 꿈을 품어왔는지를 살피고, 그 지향점이 어느 방향이어야 하는지에 관한 통찰을 주는 대목들은 머리가 아닌 가슴을 울린다.

역자는 개인적으로 두 권 공히 우주론에서 가장 큰 흥분을 맛보았다. 과학의 궁극적 도달점이 철학이라는 진부한 이야기가 관측으로 증명될 때의 묘한 느낌, 우주 탐구의 장대한 노력이 부질없다는 이야기를 들었을 때의 허탈감은 앞으로도 오래 기억에 남을 것 같다. '우리가 우주에 존재하는 이유'에 이르러서는 '흔적을 남기기 위해서'라 말하던 스티브 잡스를 떠올리기도 했다.

'경영'을 기대한 독자라면 문제해결의 사고력 편에 더 끌릴 수 있겠지만, 이 책의 최종 지향점이 꼭 '경영'에 있는 것은 아니므로 두 권 다 일독을 권한다. 지적 호기심을 넘어 사고하는 즐거움이 충족될 것이라 확신한다.

주석은 최대한 간결하게 달았다. 전문성이 높은 부분의 경우, 책 속의 주석이 완전한 이해를 돕지 못한다는 것도 사실이지만 전문 지식의 전달이 최우선 목적은 아니었기 때문이다. 주석의 위치는 최초 언급 시에 다는 것을 원칙으로 했으나, 내용상 더 밀접한 관련이 있는 부분에 달기도 했다. 또 장이 바뀌어 재차 등장할 때는 앞서 주석을 단 지점을 기재하여 다시 펼쳐볼 수 있게 했다. 이 책이 각 분야의 연속성, 연관성을 강조하기 때문에 선택한 방식이다. 주석 외에 본문에 설명을 첨가하기도 했는데, 원문을 존중하면서도 가급적 편안하게 흐름을 좇을 수 있도록 하기 위해서다.

비록 등장하는 인물들이 모두 일본인이기는 하지만 이야기가 '전인미답의 과제'를 향하고 있는 만큼 인류가 획득한 최첨단, 최고도의 지적 성과에 관한 이야기(비단 '현재'에만 초점이 맞춰진 것은 아니다)이다 보니 영어, 일본어 외에 다양한 언어가 필요했다. 그러나 저작물의 경우에만 라틴어 등 원어를 병기했고 기관명, 지역명, 인명 등 나머지는 영어로 병기했다. 한글로 표기할 경우에는 외래어 표기법을 따랐다.

'새로운 교양'을 갖추려고 이 책을 펼쳤다면 책장을 넘길수록 '새로운 무지'를 깨닫게 될 수 있다. 특히 세상의 모든 전문분야가 그렇듯 그들만의 언어에 맞닥뜨리는 순간 난감함을 맛볼 수도 있다. 하지만 그 언어의 문법을 모두 알지 못해도 우리는 기존의 틀을 넘어야 한다. "망치밖에 가진 게 없는 사람은 모든 게 못으로 보인다."는 말이 있다. 그렇다. 편협하고 한정된 지혜로는 제대로 된 전략을 세울 수 없다. 한정된 지식만으로 부당한 정서적 판단을 내려서도 안 된다. 오래 전 학교에서 배웠던 과거의 교양만으로 지극히 다이내믹한 지금 여기, 그리고 내일을 위한 판단을 내리기는 어렵다.

모쪼록 이 책을 통해 '새로운 교양'을 얻고, 나아가 자신의 과제에 적용할 실마리를 찾기 바란다. 세상에 '보편적인 과제'는 없으며 각각의 상황에 특화된 과제가 있을 뿐이니까 말이다.

역자 정문주

도쿄대학 EMP(Executive Management Program)

도쿄대학이 쌓아온 최첨단의 다양한 지적 자산을 바탕으로 구성된 프로그램으로서, 경영 지식과 폭넓은 교양뿐 아니라 인류가 축적해온 지성을 자유자재로 구사할 줄 아는 고도의 종합 능력을 갖춘 리더 육성을 목표로 한다.

다극 체제(Multipolar system)에 접어든 불안정한 세계와 동일본 대지진과 같은 전대미문의 상황 등을 맞이해서 하나의 학문만으로는 풀기 어려운 난제들에 대응하기 위해 도쿄대학에서 발족한 차세대 리더 육성 프로그램.

정치, 경제, 과학, 기술, 문화 등에서 기존에 확립한 분야별 구분에 사로잡힌, 폭 좁은 발상으로는 정확한 과제설정이 사실상 불가능해졌다는 위기의식 속에서 최첨단의 지식과 폭넓은 교양을 토대로 트랜스 사이언스(trans-science)적 문제해결 능력을 배양하는 실제적 사고력 훈련 프로그램이다.

수강생들은 기업인, 중앙 및 지역행정관, 전문 직업인 등 차세대 리더들 중 치열한 경쟁을 뚫고 선발된 25명 정도의 소수 정예로 운영되며 현재 13기까지 운영해 오고 있다. 봄(4월), 가을(10월) 연 2회 개강하며 학기 당 등록금은 약 6천만원 선이다. 전체 수업 중 일부는 영어로만 진행된다.

프로그램 구성

도쿄대학 EMP 강사진은 도쿄대학의 석학들뿐만 아니라, 타 대학과 타 분야의 전문가를 망라한다. 또 일선에서 활약 중인 경영자와 전 세계의 리더를 적절하게 참가시키고, 이들 강사진의 협동 작업을 통해 과제설정, 문제해결에 필요한 최첨단의 교양, 지혜와 실천적 매니지먼트 지식을 제공한다. 이미 만들어진 지식의 습득이 아니라 그 유래, 배경 및 암묵의 조건을 이해함으로써 보다 수준 높은 통찰력을 기를 수 있도록 강사진 외에 모더레이터를 수업에 참가시켜 논의의 장을 확장한다.

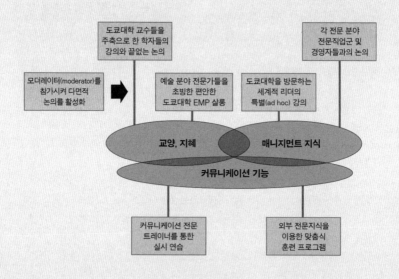

강의 내용의 다면적 구성

프로그램 내용

1. 교양, 지혜

현재 소속된 조직의 가치관을 뛰어넘어 보다 폭넓고 다면적인 관점에서 생각하고 자신의 언어로 말함으로써 자신만의 사고의 토대를 확립하는 데 도움을 줄 교양과 지혜를 함양한다. 현대 학문의 핵심 과제 및 그와 관련된 주요 과제를 접하고, 그들 주요 과제 간에 존재하는 또 다른 과제를 확인하면서 수강생들은 단절의식에 구애 받지 않는 분야 연쇄적인 논의를 펼치게 된다. 자신이 무엇을 알고 무엇을 모르고 있는지에 대해 심적 지도(mental map)가 생기고, 그 주제를 이해하고 활용할 방법을 알게 된다.

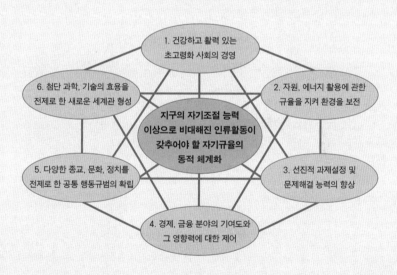

교양, 지혜 프로그램의 구성

2. 매니지먼트 지식

매니지먼트 지식 수업에선, 기업뿐 아니라 민, 관의 다양한 조직에서도 그 중요성이 커지고 있는 전략적 매니지먼트의 실천에 관한 주제를 다룬다. 주요 국가의 비즈니스 환경을 둘러싼 정치, 경제, 문화적 배경과 최신 동향, 그리고 변혁을 이루어 내기 위한 '사회 시스템 디자인' 등 기본적으로 알아 두어야 할 최첨단 현상을 총망라하고 매니지먼트 분야에 관한 전체적 관점을 얻음과 동시에 이해도가 부족했던 분야와 맹점의 존재를 확인한다.

3. 커뮤니케이션 기능

글로벌 리더로서 커뮤니케이션 능력은 필수적이므로 수강생은 일정 수준의 영어 구사 능력을 갖추고 있어야 한다. 수강생에게는 필요에 따라 자신의 현재 영어 능력을 개선할 뿐 아니라 말하고자 하는 바의 70% 정도를 표현할 수 있도록 실제적 훈련을 포함한 개별 훈련 프로그램을 외부 기관을 통해 제공한다.

4. 도쿄대학 EMP 살롱

〈교양, 지혜〉, 〈매니지먼트 지식〉 프로그램에서는 소화할 수 없는 예술, 문화, 교육 등에 관해 각 분야의 전문가와 격식에 얽매이지 않은 형태로 환담을 나눈다. 분야간 횡적 연계를 강조하는 프로그램의 취지를 살려 프로그램 수료 후에도 귀중한 경험과 네트워크를 공유할 수 있도록 EMP 커뮤니티를 지원한다.

목적

도쿄대학 EMP는 미래의 조직 간부, 특히 CEO가 될 가능성이 있는 40대 우수 인재를 주요 대상으로 기존에 그 어떤 교육기관도 제공한 적 없는 높은 수준의 전인격적 종합 능력을 형성시키려는 '유일무이'한 '장'의 제공을 목적으로 한다. 그리하여 도쿄대학 EMP는 각 최첨단 분야의 미해결 과제와, 향후 출현할 만한 과제, 분야 간 장벽을 뛰어넘은 복합적 과제 등에 대해 활발한 논의가 이루어지는 '장'을 마련했다. EMP는 새로운 관점과 발상을 바탕으로 한 과제의 제기, 강사와 수강생이라는 통상적 관계를 초월한 자유로운 토의의 '장'이다.

도쿄대 리더육성 수업

문제해결의 사고력

초판 1쇄 인쇄 2015년 6월 20일
초판 1쇄 발행 2015년 6월 25일

지 은 이 | 도쿄대 EMP, 요코야마 요시노리
옮 긴 이 | 정문주
펴 낸 이 | 정상우
펴 낸 곳 | 라이팅하우스
출판신고 | 제2014-000184호(2012년 5월 23일)
주　　소 | 서울시 마포구 월드컵북로 400, 문화콘텐츠센터 5층 1호
주문전화 | 070-7542-8070
팩　　스 | 0505-116-8965
이 메 일 | book@writinghouse.co.kr
홈페이지 | www.writinghouse.co.kr

한국어 번역권 ⓒ 라이팅하우스, 2015
ISBN 978-89-98075-16-3 (04320)
ISBN 978-89-98075-14-9 (세트)

페코로스, 어머니 만나러 갑니다

오카노 유이치 글 그림 | 양윤옥 옮김 | 216쪽 | 값 12,500원

중앙일보/교보문고 선정 이달의 책, 학교도서관저널 추천도서

기억을 잃어가는 엄마와 낙향한 아들, 인생의 황혼기에 찾아온 마지막 기적!
일본 아마존 논픽션 1위에 오른 감동 실화. 제42회 일본만화가협회상을 수상했다.

나는 세상으로 출근한다

정년 없고 해고 없고 상사 없는 오피스리스 워커가 되는 법

박용후 지음 | 260쪽 | 값 14,000원

한국출판문화산업진흥원 선정 OSMU 적합도서

관점 디자이너 박용후가 제시하는 일에 대한 새로운 관점. 일에 갇힌 사람들은 죽어도 보지 못하는, 일과 인생의 추월차선. 자기 삶의 주인이 되는 스마트한 일의 방식이 공개된다.

공부하는 사람들

더글라스 토머스, 존 실리 브라운 지음 | 송형호, 손지선 옮김 | 196쪽 | 값 12,500원

TED, 칸 아카데미 등 학교 밖 다양한 학습공동체의 등장을 설명해 주는 이론적 분석틀.
실패한 것은 우리의 '학교'가 아니라, 공부에 대한 우리의 '이론'이라는 가정에서부터 출발해서,
'가르치기(teaching:교수중심사고)'에서 '배우기(learning:학습중심사고)'로 초점을 이동하는 것만으로도 공부의 새로운 문화가 열린다고 말한다.

어느 날 당신도 깨닫게 될 이야기

내 인생을 바꾼 성찰의 순간들

엘리자베스 길버트·A. J. 제이콥스·제니퍼 이건 등저 | 래리 스미스 편 | 박지니·이지연 공역 | 432쪽 | 값 14,400원

뉴욕타임스 베스트셀러 작가가 엄선한 120 편의 감동 인생 스토리

인생에서 뒤늦게 찾아오는 깨달음의 순간을 공유하는 모멘트 프로젝트.
시련의 어둠을 회복의 순간으로 바꾼 감동 체험담들이 한 권의 책으로 묶였다.

나는 평생 여행하며 살고 싶다

학교 대신 세계, 월급 대신 여행을 선택한 1000일의 기록

박 로드리고 세희 글·사진 | 312쪽 | 값 15,000원

지금 떠나지 않으면 만날 수 없는 행복이 있다. 여행과 삶을 일치시키고자 했던 한 남자의 지독한 여행 이야기.
한 사람의 이루지 못한 꿈은 또 다른 누군가의 꿈을 완성해 줄 것이다.
"나를 버리자 비로소 세계가 내게 다가왔다!"

나는 건축이 좋아지기 시작했다

집짓기에 입문하는 당신을 위한 건축 개념어 사전

더그 팻 지음 · 김현우 옮김 | 148쪽 | 값 10,000원

길을 내고, 터를 닦아, 집을 지으려는 당신이 꼭 알아야 할 필수 개념 26

건축가로 활동하고 있는 저자의 천만 조회 수에 빛나는 인기 강좌 '어떻게 건축할 것인가'에서 핵심 개념만을 모아
정리한 핸드북. A에서 Z까지 알파벳으로 시작하는 단어들만으로 건축의 기초 개념을 설명한다.